Leicht gemacht
SCHNELL & EINFACH

Leicht gemacht

SCHNELL & EINFACH

Über 140 leckere Rezepte, 500 Farbfotografien, Schritt-für-Schritt-Anleitungen und Nährwertinformationen

Parragon

Bath • New York • Singapore • Hong Kong • Cologne • Delhi
Melbourne • Amsterdam • Johannesburg • Shenzhen

LOVE FOOD ® is an imprint of Parragon Books Ltd

Cover und Layout: Geoff Borin
Neue Fotos: Clive Streeter
Neue Ernährungsberatung: Valerie Barrett
Neue Rezepte und Einleitung: Christine France
Lektorat: Fiona Biggs
Nährwertanalyse: Fiona Hunter

Realisation der deutschen Ausgabe: trans texas publishing, Köln
Übersetzung: Kathrin Jurgenowski, Köln und Franz Leipold, Violau
Lektorat: Şebnem Yavuz, Erpel
Projektmanagement: Nazire Ergün, Köln

ISBN 978-1-4454-9522-4

Printed in China

HINWEIS
Sofern die Schale von Zitrusfrüchten benötigt wird, verwenden Sie unbedingt unbehandelte Früchte. Sind Zutaten in Löffeln angegeben, ist immer ein gestrichener Löffel gemeint: Ein Teelöffel entspricht 5 ml, ein Esslöffel 15 ml. Sofern nicht anders angegeben, wird Vollmilch (3,5 % Fett) verwendet. Es sollte stets frisch gemahlener schwarzer Pfeffer verarbeitet werden. Bei Eiern und einzelnen Gemüsesorten, z. B. Kartoffeln, verwenden Sie mittelgroße Exemplare.

Garnierungen, Dekorationen und Serviervorschläge sind kein fester Bestandteil der Rezepte und daher nicht unbedingt in der Zutatenliste oder Zubereitung aufgeführt. Alle optionalen Zutaten und Gewürze, die nach Belieben oder Geschmack verwendet werden, sind in der Nährwertanalyse nicht berücksichtigt. Die angegebenen Zeiten können von den tatsächlichen abweichen, da je nach Zubereitungsmethode und vorhandenem Herdtyp Schwankungen auftreten. Optionale Zutaten, Variationen oder Serviervorschläge sind bei den Zeitangaben nicht berücksichtigt.

Kinder, ältere Menschen, Schwangere, Kranke und Rekonvaleszenten sollten auf Gerichte mit rohen oder nur leicht gegarten Eiern verzichten. Schwangere und stillende Frauen sollten den Verzehr von Erdnüssen oder erdnusshaltigen Zubereitungen vermeiden. Allergiker sollten bedenken, dass in allen in diesem Buch verwendeten Fertigprodukten Spuren von Nüssen enthalten sein könnten. Bitte lesen Sie in jedem Fall zuvor die Verpackungsangaben.

Vegetarier sollten darauf achten, dass einige der Fertigprodukte tierische Produkte enthalten könnten. Bitte lesen Sie in jedem Fall zuvor die Verpackungsangaben.

Inhalt

Schnelle und frische Küche

Keine Frage, dass Kochen sehr viel Spaß machen kann, vor allem, wenn wir genügend Zeit dafür haben. Aber heutzutage sind die meisten Menschen so beschäftigt, dass nur wenige mehrere Stunden Zeit in der Küche verbringen. Manchmal scheint schon die Zubereitung des alltäglichen Essens zu viel wertvolle Zeit zu verbrauchen. Und wenn man müde nach einem langen Arbeitstag nach Hause kommt, ist das Kochen oft einfach nur eine lästige Pflicht. Schnelle und einfache Lösungen sind also gefragt. Aber statt mit schlechtem Gewissen zu Fertiggerichten zu greifen, können Sie auch frisches, gesundes Essen auf einfachste und schnellste Weise zubereiten. Die entsprechenden Rezepte finden Sie in diesem Buch, das Ihnen diesbezüglich unentbehrlich werden wird.

Die folgenden Seiten sind vollgepackt mit einer großen Auswahl an appetitlichen Rezeptideen für jeden Tag, vom Frühstück bis zum Abendessen. Für alle gilt, dass sie nur ein absolutes Minimum an Zeit beanspruchen. Sie sparen nicht nur Zeit und Mühe, sondern außerdem noch Geld – denn es ist sehr viel günstiger, eine Mahlzeit frisch zuzubereiten, als auf Fertiggerichte zurückzugreifen. Und dazu dürfen Sie noch das gute Gefühl genießen, ein gesundes, nährstoffreiches Essen aus frischen, regionalen Produkten und ohne versteckte Zusatzstoffe oder ungesunde Zutaten zubereitet zu haben. Sie wissen ja genau, was in den Mahlzeiten, die Sie Ihren Freunden oder Ihrer Familie servieren, enthalten ist.

Zusätzlich zu den Rezepten finden Sie noch eine ganze Reihe nützlicher Tipps zum Servieren und Gefrieren, Tipps für die Gesundheit sowie Hinweise zu Variationsmöglichkeiten, um Gerichte noch abwechslungsreicher zu machen oder je nach Jahreszeit anzupassen. Zu jedem Rezept gibt es zudem Nährwertangaben.

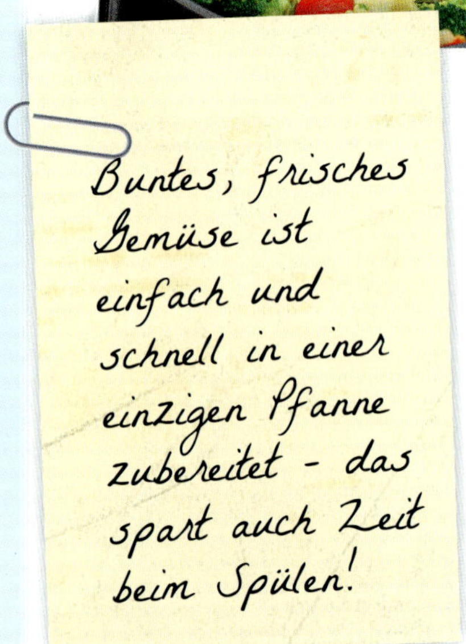

Die Rezepte sind unkompliziert und werden Schritt für Schritt erläutert, sodass Sie die Arbeitsschritte leicht nachvollziehen können. Kleine Fotos zeigen Ihnen einzelne Arbeitsvorgänge, und auf den attraktiven, großen Farbfotos können Sie das Endergebnis sehen. Wir haben darauf geachtet, dass jedes Rezept auf einer Seite Platz findet, damit Sie beim Kochen nicht umblättern müssen.

Sie finden sowohl einfache Klassiker wie Spaghetti bolognese als auch Apfel-Streusel-Auflauf sowie neue Rezeptideen, mit denen Sie Ihre Mahlzeiten frisch und abwechslungsreich gestalten können. Die Rezepte lassen sich auch als zuverlässige Basis für eigene Experimente und Ideen verwenden. Variieren Sie die Gerichte kreativ und nach saisonalen Gesichtspunkten und geben Sie ihnen damit Ihre eigene und individuelle Note!

Die Geheimnisse der schnellen und einfachen Küche

Die Grundlagen

- Halten Sie die Arbeitsflächen stets frei, sodass Sie jederzeit mit dem Kochen beginnen können. Selbst die kleinste Küche bietet genügend Arbeitsfläche, wenn sie geschickt organisiert ist.
- Halten Sie Küchengeräte wie Küchenmaschine oder Pürierstab stets griffbereit. Wenn Sie sie erst aus dem hintersten Schrankfach hervorkramen müssen, sparen Sie keine Zeit. Küchenmaschinen nehmen viel Platz weg, helfen aber, sehr viel Zeit zu sparen.
- Schärfen Sie Ihre Messer. Ein scharfes Messer schneidet viel effizienter und sicherer als ein stumpfes. Bewahren Sie Ihre Messer am besten in einem Messerblock auf.
- Wenn möglich, bringen Sie eine Halterung an der Wand an, an die Sie Schneebesen, Schälmesser und Rührlöffel hängen. So sind diese immer griffbereit, und Sie müssen nicht in der Schublade herumkramen.

Gute Organisation

- Lesen Sie jedes Rezept zu Beginn aufmerksam durch.
- Planen Sie die Zeit realistisch. Zählen Sie Zubereitungs- und Garzeit zusammen, überlegen Sie dann, wann Sie die Mahlzeit servieren möchten und wann Sie mit den Vorbereitungen beginnen müssen.
- Stellen Sie alle Zutaten bereit und wiegen Sie die Portionen ab. Halten Sie auch spezielle Utensilien griffbereit, die Sie vielleicht brauchen werden.
- Heizen Sie den Backofen oder Grill vor. Die meisten Backöfen brauchen 5–10 Minuten, um die gewünschte Temperatur zu erreichen.
- Räumen Sie nach jedem Zubereitungsschritt auf und reinigen Sie immer wieder die Arbeitsfläche.
- Legen Sie die gebrauchten Utensilien in warmes Seifenwasser, dann sind sie nachher leichter zu spülen. Spülen können Sie während der Garzeit oder nach dem Essen.

Wählen Sie die richtigen Utensilien aus, dann macht das Kochen Vergnügen.

Tipps zum Zeitsparen

• Frühlingszwiebeln, Schnittlauch, Petersilie usw. können Sie mit einer Küchenschere blitzschnell klein schneiden.

• Junges, frisches Gemüse wie Karotten oder Kartoffeln muss nicht geschält werden. Es enthält ungeschält sogar mehr Nährstoffe. Einfach das Gemüse unter fließendem Wasser abbürsten und beschädigte Stellen herausschneiden.

• Wenn Sie nur eine Knoblauchzehe pressen wollen, können Sie diese ungeschält in die Knoblauchpresse geben. Diese ist danach sogar leichter zu reinigen.

• Halten Sie für Fälle, in denen es zeitlich mal wirklich eng wird, fertige Saucen und Instantnudeln bereit, die sie mit ein paar frischen Zutaten kombinieren können.

• Wenn Sie Käse reiben, Kräuter hacken oder Semmelbrösel herstellen, bereiten Sie eine etwas größere Menge als benötigt vor und frieren Sie den Rest ein.

• Frieren Sie Weinreste als Eiswürfel ein, dann sind sie praktisch portioniert für einen schnellen Einsatz als Zutat z.B. in Saucen.

• Zum schnelleren Auftauen von Lebensmitteln oder zum Schmelzen von Schokolade und Butter können Sie auch einen Mikrowellenherd verwenden.

Im Handumdrehen zubereitet

Ein gut ausgestatteter Vorratsschrank ist ein Segen für jeden eiligen Koch, aber er muss sinnvoll sortiert sein, damit man im Handumdrehen genau das findet, was man braucht. Ordnen Sie alles nach einem klaren System, indem Sie ähnliche Lebensmittel zusammen aufbewahren, und achten Sie darauf, immer diejenigen Zutaten nach vorne zu stellen, die am schnellsten aufgebraucht werden müssen.

Auch der Kühlschrank sollte gut sortiert sein, damit Sie den Überblick behalten und alles rasch finden. Generell sollte man rohe Lebensmittel im unteren und gegarte im oberen Bereich aufbewahren. Stellen Sie Milchprodukte auf den obersten Boden; rohes Fleisch, Geflügel und roher Fisch gehören abgedeckt auf den untersten Boden.

Pasta und Pizza sind sehr schnell gemacht und können auch gut im Voraus zubereitet werden.

Vorratsregeln

- Vanille- oder Zitronenaromen sind wesentlich schneller in der Verwendung, als wenn man das Mark aus einer Vanillestange kratzt oder die Schale einer Zitrone abreibt.
- Pasta und Reis eignen sich sehr gut, wenn es schnell gehen soll. Zur Abwechslung können Sie z.B. Polenta oder Buchweizen bereithalten.
- Wenn Sie keine Zeit haben, eine frische Brühe herzustellen, sind Brühwürfel oder gekörnte Brühe sehr praktisch.
- Mit Konserven wie Kidneybohnen, Kichererbsen, Linsen usw. sparen Sie stundenlanges Einweichen und Köcheln von getrockneten Hülsenfrüchten. Geben Sie die Hülsenfrüchte aus der Dose direkt in den Eintopf oder bereiten Sie mit einem gut gewürzten Dressing einen schnellen Salat.
- Passierte Tomaten sind ein Muss für jedes Vorratsregal. Sie gehören in alle möglichen Eintöpfe, Aufläufe, Suppen, Pizza und andere herzhafte Backwaren.

Wenn Sie das Essen schnell auf den Tisch bringen wollen, sollte Ihre Küche gut organisiert sein. Sie müssen wissen, was im Vorratsschrank und im Kühlschrank steht und wo Sie die benötigten Utensilien finden.

Zeitsparende Zutaten

- Mit grünem oder rotem Pesto aus dem Glas verleihen Sie Eintöpfen, Pasta, Fleisch und Fisch, Pizza, Saucen und Suppen im Handumdrehen ein mediterranes Aroma. Nach dem Öffnen im Kühlschrank oder Eisfach aufbewahren.

- Hochwertige Öle wie Chiliöl, Haselnuss- oder Walnussöl können zum Abschluss als aromatische Zutat auf einfache herzhafte Gerichte geträufelt werden.

- Fertiger Pizzateig oder Naanbrot aus dem Eisfach können nach Belieben mit frischen Zutaten belegt werden und sind in wenigen Minuten gebacken.

- Woknudeln eignen sich gut für die Zubereitung schneller Pfannengerichte. Getrocknete asiatische Eier- oder Reisnudeln müssen nur wenige Minuten gekocht werden und sind außerdem sehr günstig.

- Eine frische Avocado ist immer eine köstliche Zutat. Lassen Sie sie, neben Obst gelegt, nachreifen und verwenden Sie sie dann für Dips, Sandwiches, Salate oder als schnelle Vorspeise.

- Frische Zitronen sind unverzichtbar bei der Zubereitung vieler Gerichte und Garnierungen. Bewahren Sie sie in einem Plastikbeutel im Gemüsefach auf. Sie halten mindestens eine Woche.

Blitztipps

- Um Knoblauch zu schälen, legen Sie die Zehen auf ein Brett und pressen Sie einen Messerrücken fest darauf. Danach lässt sich die Hülle leicht abziehen.

- Salatsaucen sind schnell in einem Schraubglas zubereitet. Einfach alle Zutaten hineingeben, das Glas gut verschrauben und kräftig schütteln.

- Um Fleisch oder Fisch in Mehl oder Gewürzen zu wenden, geben Sie die Zutaten in einen Plastikbeutel. Dann das Fleisch oder den Fisch hineingeben und im Beutel gründlich wenden und drehen, bis alles gleichmäßig überzogen ist.

Zeitsparende Geräte

Sie brauchen keinesfalls eine ganze Reihe teuerster Küchengeräte, um schnell und effizient zu arbeiten. Allerdings gibt es einige sehr praktische Elektrogeräte, die zur Grundausstattung gehören sollten.

Ein Handrührgerät nimmt kaum Platz weg und ist eine unverzichtbare Hilfe beim Kuchenbacken.

Küchenmaschine

Eine Küchenmaschine mit starkem Motor ist eine sinnvolle Investition. Sie hilft, sehr viel Zeit zu sparen, indem sie Ihnen das Pürieren, Mixen, Hacken, Reiben und Aufschneiden abnimmt. Die meisten Modelle können außerdem Teig kneten und Cremes aufschlagen.

Mikrowellenherd

Mit einem Mikrowellenherd können Sie bei fast allen Zubereitungsarten Zeit sparen. Auf niedriger Stufe können Sie Butter zerlassen oder Tiefkühlware auftauen. Außerdem eignen sich Mikrowellenherde zum Zubereiten von schnellen Saucen wie Hollandaise, von Eiern, Haferbrei, zum Schmelzen von Schokolade oder Gelatine und zum Dämpfen von Gemüse oder Reis.

Pürierstab

Mit einem Pürierstab können Sie auch kleine Mengen verarbeiten und Suppen oder Saucen direkt im Topf pürieren. Zum Reinigen ziehen Sie einfach den Stecker aus der Steckdose und schütteln den Messerkopf in einer Schüssel mit Seifenwasser. Dann unter fließendem Wasser abspülen und an der Luft trocken lassen.

Elektrisches Handrührgerät

Ein Handrührgerät eignet sich zum Aufschlagen von Eiweiß, Sahne, zum Glattrühren von Teig oder Saucen. Mit den in der Regel mitgelieferten Knethaken können auch kleinere Portionen Brotteig geknetet werden. Am besten legen Sie sich ein Handrührgerät mit möglichst starkem Motor zu.

Mit elektrischen Küchengeräten sind einige der aufwendigeren Zubereitungsschritte blitzschnell erledigt – treffen Sie also die richtige Wahl.

Extras

- Ein Gemüseschäler mit beweglicher Klinge ist eine wertvolle kleine Küchenhilfe. Er schält nicht nur schneller als ein normales Messer, sondern auch dünner, sodass mehr Nährstoffe erhalten bleiben.
- Das Schälen von Wurzelgemüse wie Kartoffeln oder Karotten ist manchmal sogar ganz unnötig, wenn Sie eine feste Gemüsebürste verwenden.
- Mit einer Knoblauchpresse kann auch frische Ingwerwurzel rasch zerkleinert werden.
- Wenn Sie eine wiederverwendbare, antihaftbeschichtete Backmatte verwenden, sparen Sie sich das Einfetten des Backblechs.
- Mit Papierformen sparen Sie sich das Einfetten von Kuchen-, Törtchen- oder Muffinformen.

Express-Tipps

- Wenn Sie in einem Rezept heißes Wasser benötigen, erhitzen Sie es in einem Wasserkocher, das geht nicht nur schneller, sondern spart auch Energie.
- Anstatt eine Avocado zu schälen, schaben Sie das Fruchtfleisch einfach mit einem großen Löffel heraus.
- Wenn sich die Verwendung der Küchenmaschine für eine kleine Menge, z.B. Kräuter oder Semmelbrösel, nicht lohnt, stellen Sie eine große Menge her und frieren Sie den Rest ein.
- Damit Fleischklöße oder Plätzchen eine gleichmäßige Größe erhalten, verwenden Sie einen Eisportionierer für den Teig.
- Wenn Sie Zutaten, die spritzen könnten, im Mikrowellenherd erhitzen, legen Sie ein Stück Küchenpapier lose über den Behälter.
- Zum einfachen Reinigen eines Mikrowellenherds 2 Esslöffel Speisenatron in 200 ml Wasser einrühren und in einem mikrowellengeeigneten Gefäß 3 Minuten auf hoher Stufe kochen. Die Innenseiten des Mikrowellenherds danach mit Küchenpapier abwischen.

Brunch & leichte Gerichte

Griechischer Joghurt mit Honig, Nüssen & Blaubeeren

FÜR
4 Personen

ZUBEREITUNG
5 Minuten

GARZEIT
5 Minuten

Nährwerte pro Portion	263 kcal, 17 g Fett, davon 4 g gesättigt, 18 g Zucker, 0,15 g Salz

Mit seiner samtigen Textur eignet sich der reichhaltige griechische Joghurt am besten für diese Frühstückskõstlichkeit. Wenn Sie auf Ihr Gewicht achten, können Sie stattdessen auch Magerjoghurt verwenden.

ZUTATEN

3 EL klarer Honig
100 g gemischte, ungesalzene Nüsse
8 EL griechischer Naturjoghurt
200 g frische Blaubeeren

1. Den Honig in einem kleinen Topf bei mittlerer Hitze erwärmen, die Nüsse zugeben und gründlich mit dem Honig verrühren, bis die Nüsse gut überzognen sind. Vom Herd nehmen und leicht abkühlen lassen.

2. In vier Schalen je 2 Esslöffel Joghurt geben, dann Nussmischung und Blaubeeren darüber verteilen. Sofort servieren.

1

1

2

ZUR ABWECHSLUNG
Verwenden Sie Himbeeren, Erdbeeren oder Bananenscheiben statt Blaubeeren.

Müsli

FÜR
4 Personen

ZUBEREITUNG
10 Minuten

GARZEIT
keine

Nährwerte pro Portion	316 kcal, 14 g Fett, davon 2 g gesättigt, 14 g Zucker, Spuren von Salz

Diese kernige Müslimischung schmeckt nicht nur zum Frühstück, sondern auch als gesunde Zwischenmahlzeit.

ZUTATEN

120 g Haferflocken
50 g getrocknete Aprikosen, gewürfelt
30 g Pekannüsse, grob gehackt
50 g Sultaninen
40 getrocknete Cranberrys
15 g Kürbiskerne
15 g Sonnenblumenkerne
1 EL Sesamsaat
Naturjoghurt oder Milch, zum Servieren

1. Die Haferflocken in eine große Schüssel geben. Aprikosen, Nüsse, Sultaninen, Cranberrys, Kürbis- und Sonnenblumenkerne sowie Sesam zugeben und gut vermengen.

2. Das Müsli bis zur Verwendung in einem luftdicht verschließbaren Behälter aufbewahren. Mit Naturjoghurt verrührt servieren.

1

1

2

GANZ GESUND

Geben Sie ein frisch geriebenes Stück Apfel oder Birne vor dem Servieren zu – für ein Plus an natürlicher Süße, Ballaststoffen und Vitaminen.

Arme Ritter

FÜR
6 Personen

ZUBEREITUNG
10 Minuten

GARZEIT
20–25 Minuten

Nährwerte pro Portion	374 kcal, 21 g Fett, davon 9 g gesättigt, 3 g Zucker, 1,3 g Salz

Wie kann etwas so Simples wie in Ei getauchtes und gebratenes Brot so lecker schmecken? Vielleicht liegt es am warmen, duftenden Ahornsirup.

ZUTATEN

6 Eier
175 ml Milch
¼ TL Zimt
Salz
12 Scheiben Weißbrot vom Vortag
4 EL Butter oder Margarine, plus etwas mehr zum Servieren
½–1 EL Sonnenblumen- oder Maiskeimöl
warmer Ahornsirup, zum Servieren

1. Die Eier in eine große, flache Schüssel schlagen und mit Milch, Zimt und 1 Prise Salz verquirlen.

2. Das Brot hineintauchen und auf den Schüsselboden drücken, sodass es von beiden Seiten mit der Eimischung bedeckt wird. Das Brot in der Schüssel 1–2 Minuten einweichen, dabei einmal wenden.

3. Die Butter und die Hälfte des Öls in einer großen Pfanne erhitzen. Eine Lage Brot hineingeben und 2–3 Minuten goldbraun braten.

4. Die Scheiben wenden und die anderen Seiten ebenfalls goldbraun braten. Auf diese Weise alle Brotscheiben zubereiten, dabei bei Bedarf etwas mehr Öl und Butter verwenden. Die gebratenen Scheiben warm halten.

5. Die Armen Ritter aufeinandergelegt mit Butter und Ahornsirup servieren.

1

2

3

Eier Benedict mit schneller Sauce hollandaise

FÜR 4 Personen | ZUBEREITUNG 5 Minuten | GARZEIT 7–10 Minuten

Nährwerte pro Portion	699 kcal, 54 g Fett, davon 30 g gesättigt, 3 g Zucker, 2,3 g Salz

Die perfekte Köstlichkeit für einen gemütlichen und ausgedehnten Sonntagsbrunch.

ZUTATEN

1 EL Weißweinessig
4 Eier
4 Toasties
4 Scheiben Schinken

Schnelle Sauce hollandaise

3 Eigelb
200 g Butter
1 EL Zitronensaft
Pfeffer

1. Zum Pochieren der Eier eine hohe Pfanne zu drei Vierteln mit Wasser füllen und dieses aufkochen, dann auf niedrige Hitze reduzieren und den Essig zugeben. Wenn das Wasser gerade noch siedet, vorsichtig die Eier aufschlagen und ins Wasser gleiten lassen. Die Eier 3 Minuten pochieren (das Eiweiß sollte fest, das Eigelb noch weich sein).

2. Unterdessen die Sauce hollandaise zubereiten. Das Eigelb in einer Küchenmaschine oder im Mixer verrühren. Die Butter in einem kleinen Topf zerlassen und leicht aufschäumen lassen. Die zerlassene Butter nach und nach bei laufendem Motor in die Küchenmaschine zum Eigelb gießen, bis eine gelbe, dicke Sauce entsteht. Den Zitronensaft und bei Bedarf, falls die Sauce zu dick wird, etwas warmes Wasser zugeben. Mit Pfeffer abschmecken, in eine Schüssel umfüllen und warm halten.

3. Die Toastiehälften auf beiden Seiten toasten. Auf je 1 untere Hälfte 1 Scheibe Schinken, 1 pochiertes Ei und 1 großen Löffel Sauce hollandaise geben. Nach Belieben mit Pfeffer bestreuen. Die andere Toastiehälfte daraufsetzen und sofort servieren.

1

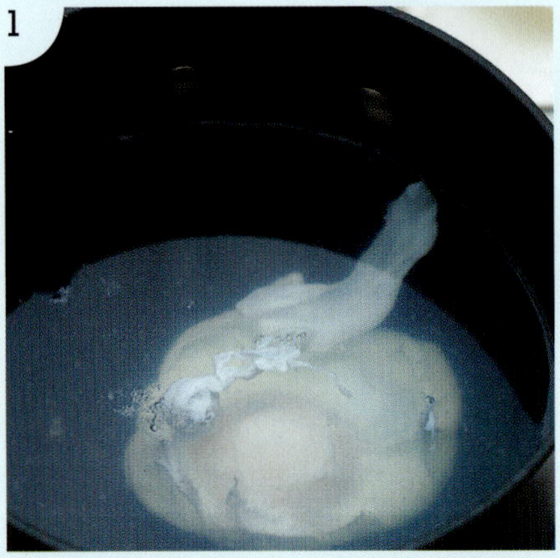

2

3

SERVIEREN

Mit Petersilie bestreuen und dann servieren.

Blaubeerpfannkuchen mit Sirup-Butter

FÜR
4 Personen

ZUBEREITUNG
15 Minuten

GARZEIT
10–15 Minuten

Nährwerte pro Portion	528 kcal, 35 g Fett, davon 18 g gesättigt, 17 g Zucker, 0,8 g Salz

Frisch gebackene Pfannkuchen, Blaubeeren, Butter und Sirup sorgen für einen sensationellen Start in den Tag!

ZUTATEN

150 g Mehl
1½ TL Backpulver
1 Prise Salz
2 EL Feinstzucker
250 ml Milch
1 großes Ei
2 EL Sonnenblumenöl, plus etwas mehr zum Einfetten
150 g Blaubeeren, plus etwas mehr zum Garnieren

Sirup-Butter

120 g zimmerwarme Butter
2 EL Milch
1 EL Ahornsirup, plus etwas mehr zum Servieren

1. Für die Sirup-Butter die Butter in eine Schüssel geben und mit dem Handrührgerät glatt rühren. Milch und Ahornsirup zugeben und alles kräftig zu einer hellen, luftigen Masse aufschlagen.

2. Das Mehl in eine Schüssel sieben, Backpulver, Salz und Zucker zugeben. Milch, Ei und Öl zufügen und alles zu einem glatten Teig verrühren. Die Blaubeeren unterheben und den Teig 5 Minuten ruhen lassen.

3. Eine Pfanne leicht einfetten und auf mittlerer Stufe erhitzen. Den Teig esslöffelweise hineingeben und braten, bis sich kleine Bläschen auf der Oberfläche bilden. Mit einem Palettenmesser wenden und von der anderen Seite goldbraun braten. Mit dem restlichen Teig ebenso verfahren; die fertigen Pfannkuchen warm halten.

4. Zum Servieren die Pfannkuchen übereinanderlegen und mit zusätzlichen Blaubeeren bestreuen. 1 Löffel Sirup-Butter daraufgeben und mit etwas Ahornsirup beträufeln.

1

1

2

EINFRIEREN

Bereiten Sie die Pfannkuchen ohne Beeren zu. Abkühlen lassen, einzeln in Frischhaltefolie wickeln und in einem luftdichten Gefrierbeutel bis zu 1 Monat einfrieren. Nach dem Auftauen auf einem Backblech im Ofen erhitzen. Mit frischen Beeren servieren.

Minipfannkuchen mit Ahornsirup

FÜR
6 Personen

ZUBEREITUNG
10 Minuten

GARZEIT
10–15 Minuten

Nährwerte pro Portion	200 kcal, 6 g Fett, davon 3 g gesättigt, 11 g Zucker, 0,6 g Salz

Der Buttermilchteig macht die Pfannkuchen ganz besonders locker und luftig.

ZUTATEN

150 g Mehl
1½ TL Backpulver
1 Prise Salz
250 ml Buttermilch
1 großes Ei
2 EL zerlassene Butter
Sonnenblumenöl, zum Einfetten
Ahornsirup, zum Servieren

1. Mehl, Backpulver und Salz in eine Schüssel sieben. Buttermilch, Ei und Butter zugeben und alles zu einem glatten Teig verrühren. 5 Minuten stehen lassen.

2. Eine Pfanne leicht einfetten und auf mittlerer Stufe erhitzen. Mit einem Löffel kleine Portionen Teig hineingeben, sie sollten in der Pfanne dann einen Durchmesser von etwa 4 cm haben. Backen, bis sich kleine Bläschen auf der Oberfläche bilden.

3. Mit einem Palettenmesser wenden und von der anderen Seite ebenfalls goldbraun backen. Mit dem restlichen Teig ebenso verfahren; die fertigen Pfannkuchen warm halten.

4. Die Pfannkuchen übereinanderlegen, mit Ahornsirup beträufeln und servieren.

1

2

3

ZUR ABWECHSLUNG

Die Pfannkuchen mit Räucherlachs, etwas schwarzem Pfeffer, ein wenig Zitronensaft und 1 Löffel saurer Sahne servieren.

Schnelle Tomatensuppe

FÜR
4 Personen

ZUBEREITUNG
10 Minuten

GARZEIT
5 Minuten

Nährwerte pro Portion	100 kcal, 6 g Fett, davon 0,8 g gesättigt, 5 g Zucker, 0,4 g Salz

Diese Suppe ist in nur wenigen Minuten zubereitet und ergibt ein köstliches leichtes Mittagessen. Auch als Partysuppe schmeckt sie wunderbar – geben Sie vor dem Servieren einen Schuss Wodka hinein.

ZUTATEN

2 EL Olivenöl
1 große Zwiebel, gehackt
400 g Eiertomaten aus der Dose
300 ml Hühner- oder Gemüsebrühe
1 EL Tomatenmark
1 TL scharfe Chilisauce
1 Handvoll frische Basilikumblätter
Salz und Pfeffer
Brotscheiben, zum Servieren

1. Das Öl in einem großen Topf auf mittlerer Stufe erhitzen. Die Zwiebel hineingeben und 4–5 Minuten unter Rühren glasig dünsten.

2. Tomaten mit Saft, Brühe, Tomatenmark, Chilisauce und die Hälfte des Basilikums zugeben. Mit dem Pürierstab glatt verarbeiten oder in einen Mixer geben, pürieren und zurück in den Topf gießen.

3. Die Suppe bei mittlerer Hitze sanft aufkochen, dann mit Salz und Pfeffer abschmecken.

4. Die Suppe in vorgewärmte Teller geben. Mit den restlichen Basilikumblättern garnieren und sofort mit Brotscheiben servieren.

1

2

2

Schnelle Gemüsesuppe

FÜR
4 Personen

ZUBEREITUNG
10 Minuten

GARZEIT
15–20 Minuten

Nährwerte pro Portion	113 kcal, 6 g Fett, davon 0,7 g gesättigt, 8 g Zucker, 0,3 g Salz

Diese herzhafte, sättigende Suppe ist bunt und gesund – die ideale kleine Mahlzeit für den Alltag.

ZUTATEN

1 rote Zwiebel
1 Selleriestange
1 Zucchini
2 Karotten
2 EL Sonnenblumenöl
400 g gehackte Tomaten aus der Dose
300 ml Hühner- oder Gemüsebrühe
1 großer frischer Thymianzweig
Salz und Pfeffer
frisch gehackter Thymian, zum Garnieren
Baguettebrötchen, zum Servieren

1. Zwiebel, Sellerie, Zucchini und Karotten in 1 cm große Würfel schneiden.

2. Das Öl in einem großen Topf auf mittlerer Stufe erhitzen. Das Gemüse hineingeben und 5 Minuten unter Rühren anbraten, aber nicht bräunen.

3. Tomaten, Brühe und Thymianzweig zugeben. Aufkochen, dann die Hitze reduzieren. Abdecken und 10–15 Minuten köcheln lassen. Das Gemüse sollte gerade weich sein. Den Thymian herausnehmen und die Suppe mit Salz und Pfeffer abschmecken.

4. Die Suppe in vorgewärmte Teller geben. Mit gehacktem Thymian garnieren und sofort mit Baguettebrötchen servieren.

1

2

3

TIPP

Wenn Sie keinen frischen Thymian haben, nehmen Sie 1 Teelöffel getrockneten. Zum Garnieren dann frisch gehackte Petersilie verwenden.

Porree-Kartoffel-Suppe

FÜR
4 Personen

ZUBEREITUNG
10 Minuten

GARZEIT
20 Minuten

Nährwerte pro Portion	253 kcal, 19 g Fett, davon 12 g gesättigt, 4 g Zucker, 0,2 g Salz

Dieses fantastische Rezept kombiniert zwei unserer Lieblingsgemüsesorten zu einer cremigen Suppe. Sie wärmt wunderbar im Winter, kann aber auch eisgekühlt im Sommer genossen werden.

ZUTATEN

50 g Butter
1 Zwiebel, gehackt
3 Porreestangen, in Ringe geschnitten
225 g Kartoffeln, in 2 cm große Würfel geschnitten
850 ml Gemüsebrühe
Salz und Pfeffer
150 g Sahne und 2 EL frisch gehackter Schnittlauch, zum Garnieren
Baguettebrötchen, zum Servieren

1. Die Butter in einem großen Topf bei mittlerer Hitze zerlassen. Zwiebel, Porree und Kartoffeln zugeben und 2–3 Minuten dünsten, dabei nicht bräunen.

2. Die Brühe zugießen und aufkochen, dann die Hitze reduzieren und die Suppe 15 Minuten abgedeckt köcheln lassen.

3. Die Suppe in eine Küchenmaschine oder den Mixer geben und pürieren. Wieder in den ausgespülten Topf geben. Die Suppe erhitzen und mit Salz und Pfeffer abschmecken.

4. Die Suppe in vorgewärmte Teller geben. Mit Sahne und Schnittlauch garnieren und sofort mit Baguettebrötchen servieren.

1

2

3

Thailändische Rindfleisch-Nudel-Suppe

FÜR
4 Personen

ZUBEREITUNG
5 Minuten

GARZEIT
8–10 Minuten

Nährwerte pro Portion	324 kcal, 16 g Fett, davon 3 g gesättigt, 7 g Zucker, 4,8 g Salz

Mit dieser aromatischen Suppe holen Sie sich im Handumdrehen Thailand auf den Tisch.

ZUTATEN

1 l Rinderbrühe
150 ml Pflanzen- oder Erdnussöl
80 g Reis-Vermicelli
2 Schalotten, in dünne Ringe geschnitten
2 Knoblauchzehen, zerdrückt
2,5-cm-Stück Ingwerwurzel, in dünne Scheiben geschnitten
225 g Rinderfilet, in dünne Streifen geschnitten
2 EL grüne thailändische Currypaste
2 EL thailändische Sojasauce
1 EL thailändische Fischsauce
frischer Koriander, zum Garnieren

1. Die Brühe in einem großen Topf aufkochen. Unterdessen einen Wok oder eine große Pfanne auf hoher Stufe vorheizen. Das Öl zugeben und erhitzen. Ein Drittel der Vermicelli hineingeben und unter Rühren 10–20 Sekunden frittieren. Mit der Küchenzange herausheben, auf Küchenpapier abtropfen lassen und beiseitestellen. Das Öl bis auf eine Restmenge von 2 Esslöffeln aus dem Wok abgießen.

2. Schalotten, Knoblauch und Ingwer in den Wok geben und 1 Minute pfannenrühren. Fleisch und Currypaste zugeben und 3–4 Minuten pfannenrühren.

3. Die Fleischmischung mit den restlichen unfrittierten Vermicelli zur Brühe in den Topf geben, Soja- und Fischsauce zugießen. 2–3 Minuten köcheln lassen, bis die Vermicelli gar sind.

4. Die Suppe auf vorgewärmte Schalen verteilen. Mit Koriander und frittierten Vermicelli garnieren und sofort servieren.

2

2

3

Sommerliche Hühnersuppe mit Gemüse

FÜR 4 Personen | ZUBEREITUNG 10 Minuten | GARZEIT 15–20 Minuten

Nährwerte pro Portion	228 kcal, 8 g Fett, davon 1 g gesättigt, 5 g Zucker, 0,8 g Salz

Diese leichte, frische Hühnersuppe wird bestimmt bald zu Ihren Lieblingsgerichten zählen.

ZUTATEN

1 EL Olivenöl

2 Hähnchenbrustfilets, in dünne Streifen geschnitten

2 Knoblauchzehen, zerdrückt

2 Zucchini, in 1 cm große Würfel geschnitten

200 g grüne Bohnen, in 2 cm lange Stücke geschnitten

350 g Tomaten, entkernt und grob gehackt

400 g Pinto- oder Borlottibohnen aus der Dose, abgespült und abgetropft

1,2 l Gemüsebrühe

12 frisch zerzupfte Basilikumblätter

Pfeffer

frisch gehobelter Parmesan, zum Servieren

1. Das Öl in einem großen Topf auf mittlerer Stufe erhitzen. Hähnchen und Knoblauch zugeben und 3 Minuten unter Rühren garen, aber nicht bräunen.

2. Zucchini, grüne Bohnen, Tomaten, Dosenbohnen und Brühe zugeben. Abdecken und 10–12 Minuten köcheln lassen, bis das Hähnchenfleisch gar ist. Die Basilikumblätter zugeben und alles mit Pfeffer würzen.

3. Die Suppe sofort in vorgewärmte Suppenschalen geben, mit Parmesanhobeln bestreuen und servieren.

1

2

2

Warmer Rindfleisch-Chili-Salat

FÜR
4 Personen

ZUBEREITUNG
10 Minuten

GARZEIT
7 Minuten

Nährwerte pro Portion	331 kcal, 18 g Fett, davon 4 g gesättigt, 4 g Zucker, 1,3 g Salz

Decken Sie den Tisch, bevor Sie mit dem Kochen beginnen, dann können Sie den Salat direkt nach der Zubereitung servieren.

ZUTATEN

450 g Rumpsteak, in dünne Streifen geschnitten
1 vollreife Avocado
175 g Cocktailtomaten
2 EL Sonnenblumenöl
425 g Kidneybohnen aus der Dose, abgespült und abgetropft
frisch gehackter Koriander, zum Garnieren
Tortilla-Chips und Eisbergsalat, zum Servieren

Marinade

2 Knoblauchzehen, zerdrückt
1 TL Chilipulver
½ TL Salz
1 TL gemahlener Koriander

1. Für die Marinade Knoblauch, Chilipulver, Salz und gemahlenen Koriander in einer großen Schüssel gut verrühren.

2. Das Fleisch in die Marinade geben und sorgfältig unterheben, sodass es vollständig überzogen ist.

3. Mit einem scharfen Messer die Avocado schälen. Längs halbieren, den Kern entfernen, dann das Fruchtfleisch in Würfel schneiden. Die Cocktailtomaten halbieren.

4. Den Wok oder eine große Pfanne auf hoher Stufe erhitzen. Das Öl zugeben und sehr heiß werden lassen. Das Fleisch zugeben und 5 Minuten pfannenrühren. Bohnen, Tomaten und Avocado zugeben und 2 Minuten mitgaren.

5. Den Fleischsalat in eine Servierschüssel geben. Mit gehacktem Koriander garnieren und sofort mit Tortilla-Chips und Eisbergsalat servieren.

2

3

4

TIPP

Ein beschichteter Wok ist vielseitig einsetzbar. Nach dem Gebrauch stets gründlich mit Küchenpapier auswischen, um Fett und Speise-rückstände zu entfernen.

Salat mit Speck & Tomate

FÜR
4 Personen

ZUBEREITUNG
10 Minuten

GARZEIT
5 Minuten

Nährwerte pro Portion	336 kcal, 30 g Fett, davon 8 g gesättigt, 3 g Zucker, 3,2 g Salz

Ein Klassiker: Speck, Eisbergsalat und Tomate mit einem köstlichen Dressing.

ZUTATEN

8 dicke Scheiben Frühstücksspeck
½ vollreife Avocado, geschält und in Scheiben geschnitten
1 EL Zitronensaft
1 Eisbergsalat, in 12 Spalten geschnitten
2 Fleischtomaten, in Spalten geschnitten
¼ Salatgurke, in Scheiben geschnitten

Dressing

4 EL Mayonnaise
2 EL saure Sahne
1 EL Milch
2 TL körniger Senf
Salz und Pfeffer

1. Den Backofengrill auf hoher Stufe vorheizen. Den Speck 3–4 Minuten grillen, bis er knusprig ist, dabei einmal wenden.

2. Für das Dressing Mayonnaise, saure Sahne, Milch und Senf in eine Schüssel geben und glatt rühren. Mit Salz und Pfeffer abschmecken.

3. Die Avocadoscheiben im Zitronensaft wenden. Eisbergsalat, Tomate, Gurke und Avocado auf vier Teller verteilen, den gegrillten Speck darübergeben und mit dem Dressing beträufeln. Sofort servieren.

1

2

3

TIPP

Zum schnellen Schälen die Avocado halbieren und den Kern entfernen. Dann am breiten Ende einen Esslöffel zwischen Fruchtfleisch und Schale schieben und bis an die Spitze führen. Das Fleisch löst sich in einem Stück.

Nudelsalat mit Honig & Hähnchen

FÜR
4 Personen

ZUBEREITUNG
10 Minuten

GARZEIT
15 Minuten

Nährwerte pro Portion	517 kcal, 17 g Fett, davon 2,5 g gesättigt, 14,5 g Zucker, 0,7 g Salz

Halten Sie stets verschiedene Nudelformen vorrätig, damit Sie rasch einen Nudelsalat zubereiten können.

ZUTATEN

250 g Fusilli
Salz
2 EL Olivenöl
1 Zwiebel, in dünne Ringe geschnitten
1 Knoblauchzehe, zerdrückt
400 g Hähnchenbrustfilet, in dünne Scheiben geschnitten
2 EL körniger Senf
2 EL klarer Honig
175 g Cocktailtomaten, halbiert
1 Handvoll Rucola
frische Thymianblätter, zum Garnieren

Dressing

3 EL Olivenöl
1 EL Sherryessig
2 TL klarer Honig
1 EL frische Thymianblätter
Salz und Pfeffer

1. Für das Dressing alle Zutaten in einer kleinen Schüssel verquirlen.

2. Die Fusilli in einem großen Topf mit leicht gesalzenem Wasser 8–10 Minuten kochen, bis sie al dente sind.

3. Unterdessen das Öl in einem großen Topf auf mittlerer Stufe erhitzen. Zwiebel, Knoblauch und Hähnchen zugeben und 3–4 Minuten unter Rühren braten. Senf und Honig zugeben und weitere 2–3 Minuten garen.

4. Die Fusilli abgießen und in eine Schüssel geben. Das Dressing darübergießen und gut unterheben. Die Hähnchen-Zwiebel-Mischung dazugeben, unterrühren und etwas abkühlen lassen. Dann Tomaten und Rucola unterheben.

5. Den Nudelsalat auf vorgewärmte Teller geben, mit Thymian garnieren und sofort servieren.

1

3

3

Linsen-Thunfisch-Salat

FÜR 4 Personen | ZUBEREITUNG 15 Minuten | GARZEIT keine

Nährwerte pro Portion	234 kcal, 9 g Fett, davon 1,5 g gesättigt, 3,5 g Zucker, 0,4 g Salz

Das delikate Dressing macht aus Dosenlinsen und -thunfisch etwas ganz Besonderes.

ZUTATEN

2 vollreife Tomaten
1 kleine rote Zwiebel
400 g Linsen aus der Dose, abgetropft
180 g Thunfisch im eigenen Saft, abgetropft
2 EL frisch gehackter Koriandor
Pfeffer

Dressing

3 EL natives Olivenöl extra
1 EL Zitronensaft
1 TL körniger Senf
1 Knoblauchzehe, zerdrückt
½ TL gemahlener Kreuzkümmel
½ TL gemahlener Koriander

1. Mit einem scharfen Messer die Tomaten entkernen und dann zusammen mit der Zwiebel fein würfeln.

2. Für das Dressing alle Zutaten in eine kleine Schüssel geben und gut verquirlen. Beiseitestellen.

3. Zwiebel, Tomaten und Linsen in einer großen Schüssel vermengen.

4. Den Thunfisch mit einer Gabel zerkleinern und ebenfalls in die Schüssel geben. Den Koriander gut untermischen.

5. Das Dressing über den Salat gießen und pfeffern. Sofort servieren.

1

1

4

TIPP Halten Sie fertiges Dressing vorrätig für den Fall, dass die Zeit mal sehr knapp ist.

Nudelsalat mit Tomaten, Oliven & Mozzarella

FÜR
4 Personen

ZUBEREITUNG
5 Minuten

GARZEIT
8–10 Minuten

Nährwerte pro Portion	593 kcal, 35 g Fett, davon 10 g gesättigt, 9 g Zucker, 0,7 g Salz

Conchiglie sind muschelförmige Nudeln, die sich besonders gut für dekorative Salate eignen. Halten Sie immer eine Packung bereit.

ZUTATEN

225 g Conchiglie
Salz
50 g Pinienkerne
350 g Cocktailtomaten, halbiert
1 rote Paprika, in mundgerechte Stücke geschnitten
1 rote Zwiebel, gehackt
200 g Mozzarella, in kleine Stücke geschnitten
12 schwarze Oliven, entsteint
25 g frische Basilikumblätter
frisch gehobelter Parmesan, zum Garnieren

Dressing

5 EL natives Olivenöl extra
2 EL Balsamico-Essig
2 EL frisch gehacktes Basilikum
Salz und Pfeffer

1. Die Conchiglie in einem großen Topf mit leicht gesalzenem Wasser 8–10 Minuten kochen, bis sie al dente sind. Abgießen, mit kaltem Wasser abschrecken und abtropfen. Abkühlen lassen.

2. Unterdessen eine Pfanne ohne Fettzugabe auf mittlerer Stufe erhitzen, die Pinienkerne zugeben und 1–2 unter Rühren anrösten, aber nicht dunkel werden lassen. Vom Herd nehmen, in eine Schüssel geben und abkühlen lassen.

3. Für das Dressing alle Zutaten in einer kleinen Schüssel verquirlen. Mit Frischhaltefolie abgedeckt beiseitestellen.

4. Die Conchiglie auf Servierschalen verteilen. Pinienkerne, Tomaten, Paprika, Zwiebel, Mozzarella und Oliven dazugeben. Mit dem Basilikum bestreuen, dann mit dem Dressing beträufeln. Mit Parmesanhobeln garnieren und sofort servieren.

2

3

4

Avocadosalat mit Limettendressing

FÜR 4 Personen | ZUBEREITUNG 10 Minuten | GARZEIT keine

Nährwerte pro Portion	300 kcal, 28 g Fett, davon 5 g gesättigt, 6 g Zucker, 0,1 g Salz

Die köstliche Kombination von Aromen und Texturen in diesem Salat wird von einem herzhaften Dressing abgerundet.

ZUTATEN

60 g rote und grüne Salatblätter
60 g wilder Rucola
4 Frühlingszwiebeln, fein gehackt
5 Tomaten, in Scheiben geschnitten
25 g Walnüsse, geröstet und gehackt
2 Avocados
1 EL Zitronensaft

Limettendressing

1 EL Limettensaft
1 TL Dijon-Senf
1 EL saure Sahne
1 EL frisch gehackte Petersilie oder Korianderblätter
3 EL natives Olivenöl extra
1 Prise Zucker
Salz und Pfeffer

1. Salatblätter und Rucola klein schneiden. Auf dem Boden einer Salatschüssel anrichten, dann Frühlingszwiebel, Tomaten und Walnüsse darübergeben.

2. Mit einem scharfen Messer die Avocados schälen, dann längs halbieren, den Kern entfernen und das Fruchtfleisch quer in Scheiben schneiden. Mit dem Zitronensaft bestreichen, damit die Avocadoscheiben nicht braun werden, dann in die Salatschüssel geben und alles behutsam vermengen.

3. Für das Dressing alle Zutaten in ein Schraubglas geben, dieses fest verschließen und gut schütteln. Den Salat mit dem Dressing beträufeln und sofort servieren.

1

2

3

Baguette mit Steak & Käse

FÜR
4 Personen

ZUBEREITUNG
5 Minuten

GARZEIT
15–20 Minuten

Nährwerte pro Portion	540 kcal, 20 g Fett, davon 7 g gesättigt, 6 g Zucker, 2,1 g Salz

Dieses amerikanische Steak-Sandwich ist in Philadelphia als „Hoogie" und in New York als „Sub" bekannt.

ZUTATEN

1 Baguette

350 g Rindersteak aus der Hochrippe ohne Knochen, halb gefroren

3 EL Olivenöl

1 Zwiebel, in dünne Ringe geschnitten

1 grüne Paprika, in dünne Streifen geschnitten

Salz und Pfeffer

75 g Halloumi oder Mozzarella, in dünne Scheiben geschnitten

1. Das Baguette in vier gleich große Stücke schneiden. Jedes Stück längs halbieren. Das Steak quer zur Faser in sehr dünne Scheiben schneiden.

2. In einer großen Pfanne 2 Esslöffel Öl auf mittlerer Stufe erhitzen. Zwiebel und Paprika zugeben und unter gelegentlichem Rühren 10–15 Minuten garen, bis die Zwiebeln goldbraun sind. Das Gemüse an den Rand der Pfanne schieben.

3. Das restliche Öl in die Pfanne gießen. Wenn es heiß ist, die Steakscheiben hineingeben und 4–5 Minuten pfannenrühren. Das Fleisch mit der Zwiebelmischung verrühren und alles mit Salz und Pfeffer würzen.

4. Den Backofengrill auf mittlerer Stufe vorheizen. Die Steakmischung auf die vier Baguetteunterhälften verteilen und mit dem Käse belegen. Die belegten Baguettestücke 1–2 Minuten grillen, bis der Käse geschmolzen ist, dann herausnehmen und die jeweilige Brotoberseite darauflegen. Vorsichtig andrücken und sofort servieren.

1
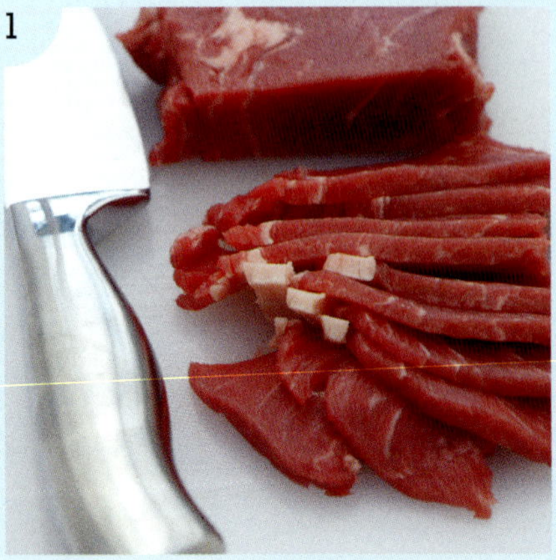

2

3

Sandwich mit Hackbällchen

FÜR 4 Personen | ZUBEREITUNG 10–15 Minuten | GARZEIT 8–10 Minuten

Nährwerte pro Portion	490 kcal, 19 g Fett, davon 6 g gesättigt, 4,8 g Zucker, 1,5 g Salz

Dieses schnelle, herzhafte Lunch-Sandwich stillt sogar den größten Appetit.

ZUTATEN

400 g mageres Rinderhackfleisch
1 Zwiebel, gerieben
1 Knoblauchzehe, zerdrückt
2 TL mildes Chilipulver
25 g frische Vollkornsemmelbrösel
Salz und Pfeffer
Öl, zum Braten

Zum Servieren

Salatblätter
4 Baguettebrötchen, längs halbiert
1 rote Zwiebel, in dünne Ringe geschnitten

1. Das Hackfleisch in eine große Schüssel geben. Zwiebel, Knoblauch, Chilipulver und Semmelbrösel zugeben. Mit Salz und Pfeffer würzen und gut vermengen. Mit einem Eiscremeportionierer kleine Bällchen formen.

2. Etwas Öl in einer großen Pfanne auf hoher Stufe erhitzen. Die Hackbällchen portionsweise zugeben und 8–10 Minuten von allen Seiten braten, bis das Fleisch gar ist.

3. Die Hackbällchen mit einem Schaumlöffel herausheben und auf Küchenpapier abtropfen lassen.

4. Die Salatblätter auf den Brötchenunterseiten verteilen und mit den Hackbällchen belegen. Die Zwiebelringe darüber verteilen, die Brötchenoberseiten auflegen und sofort servieren.

1

1

2

ZUR ABWECHSLUNG

Für pikante Hackbällchen 1 Teelöffel scharfe Chilisauce zur Fleischmischung geben.

Steak-Wraps mit Meerrettichsahne

FÜR
4 Personen

ZUBEREITUNG
5 Minuten

GARZEIT
12–16 Minuten

Nährwerte pro Portion	826 kcal, 42 g Fett, davon 17 g gesättigt, 4 g Zucker, 1,9 g Salz

Gefüllte Tortillas bzw. Wraps sind schnell zubereitet, sie sollten also immer im Vorratsschrank vorhanden sein.

ZUTATEN

4 Rinderfiletsteaks (à ca. 175 g)
1 Knoblauchzehe, zerdrückt
2 TL geräuchertes Paprikapulver, plus etwas mehr zum Bestreuen
Salz und Pfeffer
Sonnenblumenöl, zum Bestreichen
100 g Crème fraîche
3 EL Sahnemeerrettich
8 kleine Weizenmehl-Tortillas
75 g Rucola
2 Avocados, geschält, entkernt und in Scheiben geschnitten
1 rote Zwiebel, in dünne Ringe geschnitten

1. Die Steaks mit dem Knoblauch bestreichen und auf beiden Seiten mit Paprika bestreuen. Mit Salz und Pfeffer würzen.

2. Eine geriffelte Grillpfanne auf hoher Stufe erhitzen und mit Öl bestreichen. Die Steaks portionsweise hineingeben und 6–8 Minuten grillen, dabei einmal wenden. Vom Herd nehmen und 5 Minuten ruhen lassen.

3. Unterdessen Crème fraîche und Meerrettich in einer kleinen Schüssel verrühren. Jede Tortilla zur Hälfte damit bestreichen.

4. Die Steaks in Streifen schneiden. Mit Rucola, Avocados und roter Zwiebel auf den Tortillas verteilen. Die Tortillas zusammenrollen. Sofort mit je 1 Löffel Meerrettichcreme und mit Paprika bestreut servieren.

1
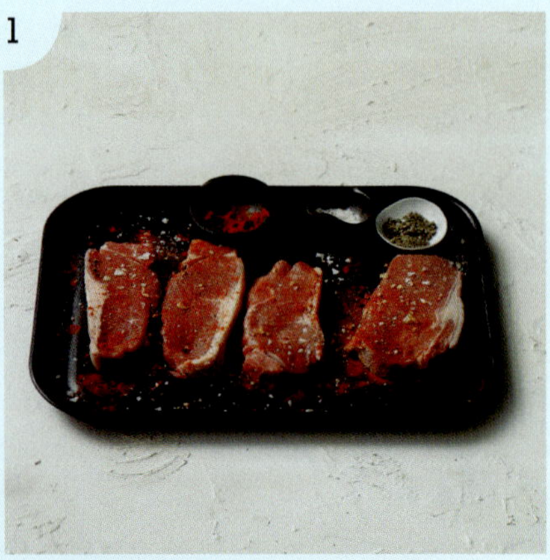

2

4

ZUR ABWECHSLUNG
Wenn Sie keinen Meerrettich mögen, verwenden Sie eine fertig gekaufte pikante Salsa.

Focaccia mit Räucherhähnchen & Schinken

FÜR
4 Personen

ZUBEREITUNG
10 Minuten

GARZEIT
5 Minuten

Nährwerte pro Portion	533 kcal, 22 g Fett, davon 11,5 g gesättigt, 2 g Zucker, 2,7 g Salz

Focaccia ist ein köstliches, traditionelles italienisches Fladenbrot. Für ein knusprig geröstetes Sandwich ist es die perfekte Wahl.

ZUTATEN

1 dicke Focaccia

2 kleine Zucchini, grob gerieben

1 Handvoll frische Basilikumblätter

6 hauchdünne Scheiben geräucherte Hähnchenbrust

6 hauchdünne Scheiben gekochter Schinken

225 g Taleggio-Käse, in Streifen geschnitten

frisch geriebene Muskatnuss (nach Belieben)

Cocktailtomaten und Eisbergsalat, zum Servieren

1. Ein Grillblech oder eine Grillpfanne unter dem Backofengrill erhitzen. Die Focaccia quer halbieren und die obere Hälfte in Längsstreifen schneiden.

2. Die untere Hälfte mit den Zucchiniraspeln bedecken, das Basilikum darüberstreuen und Hähnchen und Schinken darübergeben. Die Focacciastreifen darauflegen, dazwischen die Käsestreifen platzieren. Nach Belieben mit etwas Muskat bestäuben.

3. Das belegte Brot mit reichlich Abstand unter den Grill auf das vorgeheizte Blech legen und etwa 5 Minuten grillen, bis das Brot gebräunt und der Käse geschmolzen ist. Die Focaccia in Stücke schneiden und sofort mit Tomaten und Salatblättern servieren.

2

2

3

Puten-Wrap mit Brie & Cranberrys

FÜR
4 Personen

ZUBEREITUNG
5 Minuten

GARZEIT
1 Minute

Nährwerte pro Portion	424 kcal, 16 g Fett, davon 9,5 g gesättigt, 5 g Zucker, 1,4 g Salz

Natürlich ist dieses Rezept wunderbar für eine Resteverwertung nach einem Festessen geeignet – Sie werden aber sicherlich auch zu anderen Gelegenheiten Lust auf diese Köstlichkeit haben. Die Pute können Sie auch durch Hähnchen ersetzen.

ZUTATEN

4 Weizenmehl-Tortillas
50 g Cranberrysauce
250 g gekochte Putenbrust, in Streifen geschnitten
150 g Brie, in Scheiben geschnitten
Salz und Pfeffer

1. Eine beschichtete Pfanne oder Grillpfanne ohne Fettzugabe auf hoher Stufe sehr heiß werden lassen, dann die Tortillas einzeln darin von jeder Seite 10 Sekunden erwärmen.

2. Die Cranberrysauce auf die Tortillas streichen. Putenfleisch und Brie auf den Tortillas verteilen und nach Geschmack mit Salz und Pfeffer würzen. Die Wraps einrollen und sofort servieren.

2

2

2

DAZU PASST

Mit einem grünen Salat als Beilage ergeben die Wraps eine gesunde, leichte Mahlzeit.

Bagel mit Räucherlachs & Frischkäse

FÜR
2 Personen

ZUBEREITUNG
5 Minuten

GARZEIT
3–4 Minuten

Nährwerte pro Portion	500 kcal, 27 g Fett, davon 11 g gesättigt, 8 g Zucker, 3,4 g Salz

Wählen Sie Ihren Lieblingsbagel – Bagel mit Sesam oder Zwiebeln eignen sich hervorragend für dieses Rezept.

ZUTATEN

2 Bagel
2 Tomaten, in dünne Scheiben geschnitten
abgeriebene Schale von 1 Zitrone
1 Frühlingszwiebel, gehackt
Pfeffer
1 EL Olivenöl
4 Scheiben geräucherter Lachs (ca. 125 g)
4 EL Frischkäse
Zitronenspalten, zum Servieren

1. Den Backofengrill auf mittlerer Stufe vorheizen. Die Bagel quer halbieren und mit der Schnittfläche nach unten in die Grillpfanne legen. Unter dem Grill bräunen. Herausnehmen und wenden.

2. Die untere Hälfte der Bagel mit den Tomatenscheiben belegen. Mit abgeriebener Zitronenschale und Frühlingszwiebel bestreuen, dann pfeffern. Das Olivenöl über die Tomaten träufeln und die belegten Stücke 1–2 Minuten grillen, bis die Tomaten leicht gegart sind.

3. Den Räucherlachs dekorativ auf den Tomaten anrichten, dann die Bagelhälften nochmals etwa 1 Minute unter den Grill legen.

4. Je 1 Löffel Frischkäse auf die Lachsscheiben geben, dann die Bagel-Oberseiten darauflegen. Sofort mit Zitronenspalten servieren.

1

2

3

Minipizzas

FÜR
2 Personen

ZUBEREITUNG
10 Minuten

GARZEIT
10–15 Minuten

Nährwerte pro Portion	643 kcal, 35 g Fett, davon 13 g gesättigt, 8 g Zucker, 2,9 g Salz

Kinder lieben diese schnellen Minipizzas und können sie sogar unter Aufsicht selbst zubereiten.

ZUTATEN

3 Vollkorn-Toasties
2 EL Tomatenmark
2 EL Pesto
1 EL Olivenöl
½ rote Zwiebel, in dünne Ringe geschnitten
3 Champignons, in Scheiben geschnitten
½ Zucchini, in dünne Scheiben geschnitten
2–3 Scheiben gekochter Schinken, geviertelt
100 g mittelalter Gouda, gerieben
Cocktailtomaten, zum Servieren

1. Die Toasties goldbraun toasten, dann abkühlen lassen.

2. Tomatenmark und Pesto gründlich verrühren und die Toastiehälften gleichmäßig damit bestreichen.

3. Das Öl auf mittlerer Stufe in einer großen Pfanne erhitzen. Zwiebel, Champignons und Zucchini zugeben und garen, bis das Gemüse leicht angebräunt ist.

4. Den Backofengrill auf hoher Stufe vorheizen. Das Gemüse auf die Toasties verteilen und mit Schinken und Käse bedecken. 3–4 Minuten grillen, bis der Käse schmilzt und leicht gebräunt ist. Sofort mit Cocktailtomaten servieren.

2

3

4

GUT VORBEREITET

Bereiten Sie die Pizzas im Voraus zu. Auf ein Backblech legen und mit Frischhaltefolie abdecken. Bis zur Verwendung in den Kühlschrank stellen, dann im Ofen erwärmen.

Wraps mit Röstgemüse & Feta

FÜR
4 Personen

ZUBEREITUNG
10 Minuten

GARZEIT
16–21 Minuten

Nährwerte pro Portion	374 kcal, 20 g Fett, davon 7 g gesättigt, 5 g Zucker, 1,7 g Salz

Das Rösten verstärkt die natürliche Süße der Gemüsesorten durch Karamellisieren. Ein perfekter Kontrast zum kräftigen, säuerlichen Fetakäse.

ZUTATEN

- 1 rote Zwiebel, geachtelt
- 1 rote Paprika, geachtelt
- 1 kleine Aubergine, längs geachtelt
- 1 Zucchini, längs geachtelt
- 4 EL natives Olivenöl extra
- 1 Knoblauchzehe, zerdrückt
- Salz und Pfeffer
- 100 g Fetakäse, zerkrümelt
- 1 kleines Bund frisch gehackte Minze
- 4 Weizenmehl-Tortillas

1. Den Backofen auf 220 °C vorheizen. Zwiebel, Paprika, Aubergine, Zucchini, Knoblauch, Olivenöl sowie Salz und Pfeffer nach Geschmack auf einem beschichteten Backblech vermengen und in den vorgeheizten Ofen schieben. 15–20 Minuten rösten, bis das Gemüse goldbraun gegart ist.

2. Das Gemüse aus dem Ofen nehmen und abkühlen lassen. Dann mit Feta und Minze vermischen.

3. Eine beschichtete Pfanne oder Grillpfanne ohne Fettzugabe auf hoher Stufe erhitzen, dann die Tortillas darin jeweils einige Sekunden erwärmen. Aus der Pfanne nehmen.

4. Die Gemüsemischung auf die Tortillas verteilen. Einrollen und sofort servieren.

1

2

4

ZUR ABWECHSLUNG

Sie können die Tortillas vor dem Füllen auch noch mit Hummus oder Tahini bestreichen.

Fleisch

Chili-Nachos mit Rindfleisch

FÜR
4 Personen

ZUBEREITUNG
5 Minuten

GARZEIT
10–12 Minuten

Nährwerte pro Portion	540 kcal, 37 g Fett, davon 15 g gesättigt, 5 g Zucker, 1,4 g Salz

Dieses köstliche Abendessen ist im Handumdrehen zubereitet und lässt sich bequem auch nur mit einer Gabel essen.

ZUTATEN

1 EL Sonnenblumenöl
1 rote Zwiebel, in Ringe geschnitten
400 g mageres Rinderhackfleisch
1 Knoblauchzehe, zerdrückt
1½ TL Chiliflocken
4 Tomaten, gewürfelt
Salz und Pfeffer
1 Avocado, geschält, entkernt und gewürfelt
80 g Nachos, grob zerkleinert
150 g mittelalter Gouda, gerieben

1. Das Öl in einer großen Pfanne auf mittlerer Stufe erhitzen. Zwiebel und Fleisch zugeben und 6–8 Minuten unter Rühren braten.

2. Knoblauch, Chiliflocken und Tomaten zugeben und 2 Minuten braten. Mit Salz und Pfeffer würzen.

3. Den Backofengrill auf mittlerer Stufe vorheizen. Die Hackfleischmischung in eine Auflaufform füllen. Avocado und Nachos darübergeben und mit dem geriebenem Käse bestreuen.

4. Das Gericht 2 Minuten grillen, bis der Käse geschmolzen ist. Sofort servieren.

1

2

3

DAZU PASST

Ein Eisbergsalat mit Gurke und 1 Löffel saurer Sahne ist eine kühlende Beilage zu den scharfen Nachos.

Thailändisches Rindercurry

FÜR
4 Personen

ZUBEREITUNG
10 Minuten

GARZEIT
15–20 Minuten

Nährwerte pro Portion	407 kcal, 28 g Fett, davon 18 g gesättigt, 6 g Zucker, 0,5 g Salz

Dieses aromatische Curry wird mit zartem Rind, knackigem Brokkoli und frischen Kräutern zubereitet.

ZUTATEN

2 EL Pflanzenöl
2 EL grüne thailändische Currypaste
2 Rinderfiletsteaks (à 175 g), in dünne Streifen geschnitten
2 Zwiebeln, in Ringe geschnitten
6 Frühlingszwiebeln, gehackt
2 Schalotten, fein gehackt
225 g Brokkoliröschen
400 ml Kokosmilch
3 Kaffir-Limettenblätter, grob gehackt
4 EL frisch gehackter Koriander
1 Handvoll frische Thai-Basilikumblätter

1. Einen Wok oder eine große Pfanne auf hoher Stufe vorheizen. Das Öl hineingießen und sehr heiß werden lassen. Die Currypaste hineingeben und 1–2 Minuten pfannenrühren. Das Fleisch – gegebenenfalls portionsweise – zugeben und braun anbraten.

2. Zwiebeln, Frühlingszwiebeln und Schalotten zu dem Fleisch geben und 2–3 Minuten pfannenrühren. Den Brokkoli zugeben und 2–3 Minuten pfannenrühren. Die Kokosmilch zugießen, die Limettenblätter zugeben und alles aufkochen.

3. Das Curry 8–10 Minuten köcheln lassen, dann Koriander und Thai-Basilikum zufügen.

4. Das Gericht auf vorgewärmte Schalen verteilen und sofort servieren.

1

2

2

Pikantes Rindfleisch mit Sesam

FÜR 4 Personen | ZUBEREITUNG 10 Minuten | GARZEIT 10–12 Minuten

Nährwerte pro Portion	553 kcal, 24 g Fett, davon 6 g gesättigt, 5 g Zucker, 1,8 g Salz

Es gibt kaum etwas einfacheres als dieses köstliche mit Sesam und Chili gewürzte Rindfleisch, serviert auf duftendem Basmatireis.

ZUTATEN

- 200 g Basmatireis
- 500 g Rinderfilet, in dünne Streifen geschnitten
- 1½ EL Sesamsaat
- 125 ml Rinderbrühe
- 2 EL Sojasauce
- 2 EL frisch geriebene Ingwerwurzel
- 2 Knoblauchzehen, zerdrückt
- 1 TL Speisestärke
- ½ TL Chiliflocken
- 3 EL Sesamöl
- 1 großer Brokkoli, in Röschen zerteilt
- 1 gelbe Paprika, in dünne Streifen geschnitten
- 1 frische rote Chili, in feine Ringe geschnitten
- 1 EL Chiliöl, oder nach Belieben
- Salz und Pfeffer
- 1 EL frisch gehackter Koriander, zum Garnieren

1. Den Reis in einem Topf mit leicht gesalzenem Wasser 10–12 Minuten kochen, bis er gar ist. Dann abgießen und abtropfen lassen.

2. Unterdessen das Rindfleisch mit 1 Esslöffel Sesam in einer Schüssel vermengen.

3. Brühe, Sojasauce, Ingwer, Knoblauch, Stärke und Chiliflocken in einer zweiten Schüssel verrühren.

4. Einen Wok oder eine große Pfanne auf hoher Stufe erhitzen. 1 Esslöffel Sesamöl hineingießen und sehr heiß werden lassen. Das Fleisch zugeben und pfannenrühren, bis es angebräunt ist. Herausnehmen und beiseitestellen, den Wok mit Küchenpapier auswischen.

5. Das verbliebene Sesamöl in den Wok gießen. Brokkoli, Paprika, Chili und Chiliöl hineingeben und 2–3 Minuten pfannenrühren. Die Brühemischung zugeben, den Wok abdecken und alles 2 Minuten köcheln lassen.

6. Das Rind wieder in den Wok geben und alles unter gelegentlichem Rühren kochen, bis die Mischung andickt. 1–2 Minuten weiterkochen, mit dem restlichen Sesam bestreuen und mit Salz und Pfeffer würzen.

7. Den Reis auf vorgewärmte Servierschalen verteilen und das Rind mit dem Gemüse darübergeben. Mit dem gehackten Koriander garnieren und sofort servieren.

2

3

4

Chop Suey

FÜR
4 Personen

ZUBEREITUNG
8 Minuten
plus Marinierzeit

GARZEIT
5–7 Minuten

Nährwerte pro Portion	290 kcal, 12,5 g Fett, davon 3 g gesättigt, 6 g Zucker, 3 g Salz

Shaoxing-Reiswein wird in der chinesischen Küche häufig verwendet, trockener Sherry ist aber ein guter Ersatz.

ZUTATEN

450 g Rindersteak aus der Hochrippe, in Scheiben geschnitten
1 Brokkoli, in Röschen zerteilt
2 EL Pflanzenöl
1 Zwiebel, in Ringe geschnitten
2 Selleriestangen, in Scheiben geschnitten
225 g Zuckererbsen, längs in Hälften geschnitten
50 g Bambussprossen, abgespült und gehackt
8 Wasserkastanien, in Scheiben geschnitten
225 g Champignons, in Scheiben geschnitten
1 EL Austernsauce
1 TL Salz

Marinade
1 EL Shaoxing-Reiswein
½ TL weißer Pfeffer
½ TL Salz
1 EL helle Sojasauce
½ TL Sesamöl

1. Für die Marinade alle Zutaten in einer Schüssel verrühren. Das Steakfleisch zugeben und mindestens 20 Minuten marinieren.

2. Den Brokkoli in einem großen Topf mit kochendem Wasser 30 Sekunden blanchieren. Abgießen und beiseitestellen.

3. Einen Wok oder eine große Pfanne auf hoher Stufe erhitzen. 1 Esslöffel Öl hineingießen und sehr heiß werden lassen. Das Fleisch zugeben und pfannenrühren, bis es angebräunt ist. Herausnehmen und beiseitestellen, den Wok mit Küchenpapier auswischen.

4. Das restliche Öl in den Wok gießen und die Zwiebel darin 1 Minute braten. Sellerie und Brokkoli zugeben und 2 Minuten garen. Zuckererbsen, Bambussprossen, Wasserkastanien und Champignons zugeben und 1 Minute garen. Fleisch und Austernsauce zugeben, dann das Salz einstreuen und umrühren.

5. Das Chop Suey in vorgewärmte Servierschalen geben und sofort servieren.

Rindfleischstreifen in Schwarze-Bohnen-Sauce

FÜR
4 Personen

ZUBEREITUNG
7 Minuten

GARZEIT
5–7 Minuten

Nährwerte pro Portion	270 kcal, 14 g Fett, davon 4 g gesättigt, 7 g Zucker, 1,4 g Salz

Schwarze-Bohnen-Sauce ist eine beliebte Zutat der chinesischen Küche und in Asia-Shops erhältlich. Wenn Sie mehr Zeit haben, können Sie sie auch selbst herstellen.

ZUTATEN

3 EL Erdnussöl
450 g Rinderfiletsteak, in dünne Scheiben geschnitten
1 rote Paprika, in dünne Streifen geschnitten
1 grüne Paprika, in dünne Streifen geschnitten
1 Bund Frühlingszwiebeln, in Ringe geschnitten
2 Knoblauchzehen, zerdrückt
2 EL frisch geriebene Ingwerwurzel
2 EL Schwarze-Bohnen-Sauce
1 EL Sherry
1 EL Sojasauce

1. Einen Wok oder eine große Pfanne auf hoher Stufe erhitzen. 2 Esslöffel Öl hineingießen und sehr heiß werden lassen. Das Fleisch zugeben und pfannenrühren, bis es angebräunt ist. Herausnehmen und beiseitestellen.

2. Das restliche Öl zugießen und die Paprikastreifen darin 2 Minuten pfannenrühren.

3. Frühlingszwiebeln, Knoblauch und Ingwer zugeben und 30 Sekunden pfannenrühren.

4. Schwarze-Bohnen-Sauce, Sherry und Sojasauce hinzufügen, dann das Rindfleisch zugeben und alles erhitzen, bis es brodelt.

5. Das Gericht auf vorgewärmte Servierschalen verteilen und sofort servieren.

1

2

3

TIPP

Das Fleisch lässt sich besonders dünn schneiden, wenn es halb gefroren ist. Legen Sie es in Frischhaltefolie gewickelt eine halbe Stunde ins Eisfach. Auch ein scharfes Messer ist hilfreich.

Teriyaki-Steak

FÜR
4 Personen

ZUBEREITUNG
10 Minuten

GARZEIT
8–10 Minuten

Nährwerte pro Portion	284 kcal, 12 g Fett, davon 3 g gesättigt, 4 g Zucker, 2,9 g Salz

Teriyaki ist eine japanische Zubereitungsmethode, bei der Fleisch gegrillt oder gebraten und mit einer süßen Sauce bestrichen wird.

ZUTATEN

4 Rindersteaks (à 150 g)
Salz und Pfeffer
2 EL Pflanzenöl
200 g frische Bohnensprossen
4 Frühlingszwiebeln, in feine Ringe geschnitten

Teriyaki-Sauce
2 EL Mirin (japanischer Reiswein)
2 EL Sake oder heller trockener Sherry
4 EL dunkle Sojasauce
1 TL Zucker

1. Die Steaks mit Salz und Pfeffer würzen und beiseitestellen. Für die Sauce Mirin, Sake, Sojasauce und Zucker in einer Schüssel verrühren.

2. Unterdessen eine große Pfanne auf hoher Stufe erhitzen. 1 Esslöffel Öl hineingießen und sehr heiß werden lassen. Die Bohnensprossen hineingeben und 30 Sekunden im heißen Öl wenden, dann herausnehmen und die Pfanne mit Küchenpapier auswischen.

3. Das restliche Öl in die Pfanne gießen und erhitzen. Die Steaks hineingeben und 1–3 Minuten von jeder Seite braten, nach Geschmack auch länger. Aus der Pfanne nehmen und warm stellen.

4. Die Pfanne vom Herd nehmen und Sauce und Frühlingszwiebeln hineingeben. Wieder auf den Herd stellen und alles 2 Minuten unter Rühren garen, bis die Sauce leicht andickt und glänzt.

5. Die Bohnensprossen auf vorgewärmte Teller geben und die Steaks darauflegen. Mit der Sauce übergießen und sofort servieren.

1

2

3

TIPP Bohnensprossen verderben leicht, kaufen Sie sie daher stets sehr frisch.

Steakstreifen mit Tomaten-Paprika-Salsa

FÜR
4 Personen

ZUBEREITUNG
6 Minuten

GARZEIT
2–6 Minuten

Nährwerte pro Portion	255 kcal, 12 g Fett, davon 3,5 g gesättigt, 5 g Zucker, 0,2 g Salz

Eine frische, leuchtend rote Salsa ist der perfekte Partner für ein saftiges Steak – und sehr schnell zubereitet!

ZUTATEN

500 g Rinderfiletsteak
Salz und Pfeffer
Olivenöl, zum Bestreichen
knuspriges Brot, zum Servieren

Salsa

250 g Tomaten, geviertelt
1 große rote Paprika, in Stücke geschnitten
1 kleine rote Zwiebel, geviertelt
1 kleine Knoblauchzehe, gehackt
2 EL Olivenöl
1 EL Rotweinessig
3 EL frisch gehackter Koriander
Salz und Pfeffer

1. Für die Salsa Tomaten, Paprika, Zwiebel und Knoblauch in der Küchenmaschine grob hacken. Öl, Essig und Koriander zugeben. Mit Salz und Pfeffer abschmecken. Abdecken und bei Raumtemperatur ziehen lassen.

2. Unterdessen eine große Pfanne auf hoher Stufe erhitzen. Die Steaks salzen und pfeffern und mit Öl bestreichen. Die Steaks in die Pfanne geben und 1–3 Minuten von jeder Seite braten, nach Geschmack auch länger. Aus der Pfanne nehmen und warm stellen.

3. Die Steaks in Streifen schneiden. Auf vorgewärmte Teller verteilen und sofort mit Salsa und knusprigem Brot servieren.

1

1

2

Schnelle Spaghetti bolognese

FÜR
4 Personen

ZUBEREITUNG
5 Minuten

GARZEIT
25 Minuten

Nährwerte pro Portion	508 kcal, 18 g Fett, davon 6 g gesättigt, 9 g Zucker, 0,5 g Salz

Dies ist die Expressvariante des klassischen Familienrezepts aus Bologna.

ZUTATEN

200 g Spaghetti
gemischter Salat, zum Servieren

Bolognese-Sauce

2 EL Olivenöl
1 große Zwiebel, gehackt
500 g mageres Rinderhackfleisch
1 grüne Paprika, gehackt
1 Knoblauchzehe, zerdrückt
150 ml Rotwein
400 g gehackte Tomaten aus der Dose
2 EL Tomatenmark
1 EL getrockneter Oregano
Salz und Pfeffer

1. Das Öl in einem großen Topf auf hoher Stufe erhitzen, Zwiebel und Hackfleisch zugeben und unter Rühren leicht anbräunen.

2. Paprika und Knoblauch zugeben, dann Wein, Tomaten, Tomatenmark und Oregano einrühren. Mit Salz und Pfeffer würzen, aufkochen und 2 Minuten stark kochen. Die Hitze reduzieren, den Topf abdecken und alles 20 Minuten unter gelegentlichem Rühren köcheln lassen.

3. Unterdessen die Spaghetti in einem Topf mit leicht gesalzenem Wasser 8–10 Minuten garen, bis sie al dente sind. Abgießen, abtropfen lassen und wieder in den Topf geben.

4. Die Bolognese-Sauce über die Spaghetti geben. Auf vorgewärmte Servierteiler verteilen und sofort mit gemischtem Salat servieren.

1

2

2

ZUR ABWECHSLUNG

Für ein stärkeres Aroma geben Sie 2 Scheiben geräucherten Speck oder Pancetta mit dem Hackfleisch in die Pfanne.

Schnelles Chili con Carne

FÜR
4 Personen

ZUBEREITUNG
15 Minuten

GARZEIT
15 Minuten

Nährwerte pro Portion	551 kcal, 18,5 g Fett, davon 6 g gesättigt, 8,5 g Zucker, 1,5 g Salz

Eine Schale herzhaftes Chili ist ideal für Partys oder Familienfeiern.

ZUTATEN

200 g Basmatireis
2 EL Olivenöl
1 große Zwiebel, in Ringe geschnitten
500 g mageres Rinderhackfleisch
1 Knoblauchzehe, zerdrückt
400 g gehackte Tomaten aus der Dose
400 g Kidneybohnen aus der Dose, abgetropft
200 ml Rinderbrühe
2 EL Tomatenmark
2 TL zerkleinerte getrocknete Chili
Salz und Pfeffer
knuspriges Brot, zum Servieren

1. Den Reis in einem Topf mit leicht gesalzenem Wasser 10–12 Minuten kochen, bis er gar ist. Dann abgießen, abtropfen lassen und bis zum Servieren warm halten.

2. Unterdessen das Öl in einer großen Pfanne stark erhitzen, Zwiebel und Hackfleisch zugeben und unter Rühren leicht anbräunen.

3. Den Knoblauch einrühren, dann Tomaten, Bohnen, Brühe, Tomatenmark und Chili zugeben. Mit Salz und Pfeffer würzen. Unter Rühren aufkochen, die Hitze reduzieren und alles abgedeckt 15 Minuten köcheln lassen, ab und zu umrühren.

4. Auf vorgewärmte Servierschalen verteilen und sofort mit Reis und Brot servieren.

2

3

3

TIPP

Das Chili schmeckt noch besser, wenn es über Nacht im Kühlschrank durchziehen kann. Vor dem Servieren gut erhitzen.

Fajitas

FÜR
4 Personen

ZUBEREITUNG
10 Minuten

GARZEIT
4–6 Minuten

Nährwerte pro Portion	500 kcal, 23 g Fett, davon 9 g gesättigt, 4 g Zucker, 0,8 g Salz

Fajitas stammen aus Mittelamerika und sind aus der mexikanischen Küche nicht wegzudenken.

ZUTATEN

500 g Rinderfiletsteak
1 Knoblauchzehe, halbiert
Salz und Pfeffer
Olivenöl, zum Bestreichen
4 große Weizenmehl-Tortillas
150 g saure Sahne

Guacamole

1 große, vollreife Avocado
Saft von ½ Limette
1 TL scharfe Chilisauce
1 kleine rote Zwiebel, gewürfelt
1 Tomate, gehackt
1 EL frisch gehackter Koriander
Salz und Pfeffer

1. Für die Guacamole die Avocado mit einem scharfen Messer schälen. Die Frucht längs halbieren und entkernen. In einer Schüssel das Fruchtfleisch mit dem Limettensaft zerdrücken. Chilisauce, Zwiebel, Tomate und Koriander zugeben und alles zu einer groben Paste vermengen. Mit Salz und Pfeffer würzen.

2. Das Fleisch mit dem Knoblauch einreiben. Dann salzen und pfeffern und mit Öl bestreichen. Eine schwere Pfanne erhitzen.

3. Die Steaks in der Pfanne 1–3 Minuten auf jeder Seite braten, nach Geschmack auch länger. Aus der Pfanne nehmen und warm halten.

4. Die Tortillas nacheinander in die Pfanne geben und jeweils einige Sekunden erwärmen.

5. Die Steaks in Scheiben schneiden und auf die Tortillas verteilen. Je 1 Löffel Guacamole und saure Sahne dazugeben. Die Tortillas einrollen und sofort servieren.

1

1

3

TIPP

Wenn Sie ein stärkeres Knoblaucharoma wünschen, zerdrücken Sie den Knoblauch und geben Sie ihn in das Öl zum Bestreichen.

Cheeseburger

FÜR
4 Personen

ZUBEREITUNG
10 Minuten

GARZEIT
10–16 Minuten

Nährwerte pro Portion	715 kcal, 40 g Fett, davon 17 g gesättigt, 3,5 g Zucker, 2,4 g Salz

Ein selbst gemachter Burger ist ein unschlagbarer Genuss – einfach und köstlich!

ZUTATEN

750 g Rinderhackfleisch
1 Würfel Rinderbrühe
2 EL Zwiebelpulver
2 EL frisch gehackte Petersilie
2 EL Wasser
50 g mittelalter Gouda, gerieben
frische Basilikumstängel, zum Garnieren

Zum Servieren

4 Burgerbrötchen
Senf
Ketchup

1. Den Backofengrill auf mittlerer Stufe vorheizen. Das Hackfleisch in eine große Schüssel geben. Den Brühwürfel darüber zerbröseln, Zwiebelpulver, Petersilie und Wasser zugeben und alles gut vermengen.

2. Das Fleisch in vier Portionen teilen, jede Portion zu einer Kugel formen und diese dann zu einem Burger flach drücken.

3. Die Burger 5–8 Minuten grillen, dann wenden, mit Käse bestreuen und nochmals 5–8 Minuten grillen. Das Fleisch muss durchgegart sein!

4. Die fertigen Burger auf die unteren Hälften der Brötchen geben und dann die oberen Hälften darauflegen. Mit Basilikum garnieren und sofort mit Senf und Ketchup servieren.

1

1

2

Knusprige Orangen-Zitronen-Lammkoteletts

FÜR
2 Personen

ZUBEREITUNG
5 Minuten

GARZEIT
8–10 Minuten

Nährwerte pro Portion	355 kcal, 22 g Fett, davon 8 g gesättigt, 0 g Zucker, 0,4 g Salz

Zarte Lammkoteletts mit Knoblauch-Zitrus-Glasur duften und schmecken einfach köstlich! Wenn Sie die Knochenenden vor dem Zubereiten von Sehnen und Fett befreien, sind die Koteletts nachher leichter mit den Fingern zu essen.

ZUTATEN

1 Knoblauchzehe, zerdrückt
1 EL Olivenöl
2 EL fein abgeriebene Schale von 1 Orange
2 EL fein abgeriebene Schale von 1 Zitrone
Salz und Pfeffer
6 Lammkoteletts
Orangenspalten, zum Garnieren

1. Knoblauch, Öl und Zitrusschalen in eine Schüssel geben. Mit Salz und Pfeffer würzen und gut vermengen. Die Lammkoteletts damit bestreichen.

2. Eine Grillpfanne auf hoher Stufe erhitzen. Die Koteletts hineingeben und von beiden Seiten je 4–5 Minuten grillen.

3. Die fertig gegrillten Lammkoteletts auf vorgewärmte Teller geben. Mit Orangenspalten garnieren und sofort servieren.

1

1

2

DAZU PASST
Für eine schicke Dinnerparty einfach mit neuen Kartoffeln und einem grünen Salat servieren.

Honig-Aprikosen-Lamm mit Zitronen-Couscous

FÜR
2 Personen

ZUBEREITUNG
10 Minuten

GARZEIT
25–27 Minuten

Nährwerte pro Portion	177 kcal, 11 g Fett, davon 4 g gesättigt, 0 g Zucker, 0,17 g Salz

Das Zusammenspiel von Honig, Aprikosen und Gewürzen verleiht diesem Lammeintopf ein marokkanisches Aroma.

ZUTATEN

4 Beinscheiben vom Lamm
4 TL gemahlener Koriander
1 TL gemahlener Kreuzkümmel
1 kleiner Butternut-Kürbis
1 EL Olivenöl
1 Zwiebel, gehackt
600 ml Hühnerbrühe
2 EL frisch gehackte Ingwerwurzel
100 g getrocknete Aprikosen
2 EL klarer Honig
fein abgeriebene Schale und Saft von 1 Zitrone
Salz und Pfeffer
200 g Couscous
3 EL frisch gehackte Minze, zum Garnieren

1. Die Lammstücke mit Koriander und Kreuzkümmel bestäuben. Den Kürbis schälen, entkernen und in mundgerechte Stücke schneiden.

2. Das Öl in einer ofenfesten Kasserolle auf mittlerer Stufe erhitzen. Das Fleisch hineingeben und bei starker Hitze 2–3 Minuten braten, dabei einmal wenden. Kürbis, Zwiebel und die Hälfte der Brühe zugeben und aufkochen.

3. Ingwer, Aprikosen, Honig und Zitronensaft zugeben und mit Salz und Pfeffer würzen. Abdecken und bei mittlerer Hitze etwa 20 Minuten garen, gelegentlich umrühren.

4. Unterdessen die verbliebene Brühe in einem kleinen Topf aufkochen, dann Couscous, Zitronenschale, Salz und Pfeffer einrühren. Vom Herd nehmen, abdecken und 5 Minuten quellen lassen.

5. Das Lamm auf vorgewärmte Teller geben. Mit der Minze garnieren und sofort mit dem Couscous servieren.

1

2

4

Lammfleischburger mit Kräutern

FÜR
4 Personen

ZUBEREITUNG
10 Minuten

GARZEIT
10–16 Minuten

Nährwerte pro Portion	521 kcal, 18 g Fett, davon 7 g gesättigt, 5 g Zucker, 1,9 g Salz

Diese saftigen Burger aus Lammhackfleisch mit vielen frischen Kräutern sind eine großartige Hauptmahlzeit.

ZUTATEN

450 g Lammhackfleisch
75 g frische Semmelbrösel
1 Zwiebel, fein gehackt
3 EL frisch gehackte Kräuter, z. B. Minze, Rosmarin oder Thymian
1 Ei
½ EL Apfelsaft
Salz und Pfeffer
2 EL Öl

Zum Servieren
Salatblätter
4 Burgerbrötchen
Tomatenscheiben

1. Das Fleisch in eine große Schüssel geben. Semmelbrösel, Zwiebel, gehackte Kräuter, Ei und Apfelsaft zugeben. Mit Salz und Pfeffer würzen und alles vermengen.

2. Die Mischung in vier Portionen teilen, jede Portion zu einer Kugel formen und diese dann zu Burgern flach drücken.

3. Das Öl in einer großen Pfanne erhitzen. Die Burger von beiden Seiten je 5–8 Minuten braten. Das Fleisch muss durchgegart sein!

4. Die Salatblätter auf die unteren Hälften der Burgerbrötchen legen. Die Tomatenscheiben darauf verteilen. Die Burger daraufgeben, dann die oberen Hälften der Brötchen aufsetzen. Auf Tellern anrichten und sofort servieren.

1

2

3

DAZU PASST

Naturjoghurt, geriebene Gurke, zerdrückten Knoblauch und gehackte Minze verrühren und als indisches Raita zu den Burgern reichen.

Schweinefleisch in Pflaumensauce

FÜR
4 Personen

ZUBEREITUNG
10 Minuten

GARZEIT
8–10 Minuten

Nährwerte pro Portion	628 kcal, 18 g Fett, davon 5 g gesättigt, 70 g Zucker, 2,1 g Salz

Schweinefleisch und Pflaumensauce sind eine ausgesprochen gelungene Kombination. In diesem schnellen Gericht werden sie von Pilzen, Bohnensprossen und Nudeln begleitet.

ZUTATEN

600 g Schweinefilet
2 EL Erdnussöl
1 orangefarbene Paprika, in Streifen geschnitten
1 Bund Frühlingszwiebeln, in Ringe geschnitten
250 g Austernpilze, in Streifen geschnitten
300 g frische Bohnensprossen
2 EL trockener Sherry
150 ml Pflaumensauce
Salz und Pfeffer
250 g asiatische Eiernudeln
frisch gehackter Koriander, zum Garnieren

1. Das Fleisch in lange, dünne Streifen schneiden. Den Wok oder eine große Pfanne auf hoher Stufe erhitzen. Das Öl hineingießen und sehr heiß werden lassen. Das Fleisch darin 2–3 Minuten pfannenrühren. Die Paprika zugeben und 2 Minuten pfannenrühren, dann Frühlingszwiebeln, Pilze und Bohnensprossen zugeben.

2. Alles 2–3 Minuten rühren, dann Sherry und Pflaumensauce zugießen und aufkochen. Kräftig mit Salz und Pfeffer würzen.

3. Unterdessen die Nudeln in einem Topf mit leicht gesalzenem Wasser nach Packungsanweisung garen. Gut abtropfen lassen, in den Wok geben und gut unterheben.

4. Die Nudelmischung auf vorgewärmte Servierschalen verteilen. Mit Koriander garnieren und sofort servieren.

1

1

3

ZUR ABWECHSLUNG Für etwas mehr Farbe geben Sie gegarte grüne Bohnen oder Brokkoli hinzu.

Pad Thai mit Schweinefleisch

FÜR 4 Personen | ZUBEREITUNG 10 Minuten | GARZEIT 12–15 Minuten

Nährwerte pro Portion	477 kcal, 18 g Fett, davon 3,5 g gesättigt, 2,5 g Zucker, 2 g Salz

Pad Thai ist eines der beliebtesten Nudelgerichte überhaupt. Auf Bangkoks Straßenmärkten gibt es nichts Frischeres oder Köstlicheres.

ZUTATEN

- 225 g dicke Reisnudeln
- 2 EL Erdnuss- oder Pflanzenöl
- 4 Frühlingszwiebeln, grob gehackt
- 2 Knoblauchzehen, zerdrückt
- 2 frische rote Chillies, entkernt und in Streifen geschnitten
- 225 g Schweinefilet, pariert und in dünne Streifen geschnitten
- 120 g gegarte und ausgelöste Riesengarnelen
- Saft von 1 Limette
- 2 EL thailändische Fischsauce
- 2 Eier, verquirlt
- 50 g frische Bohnensprossen
- 1 Handvoll frisch gehackter Koriander
- 50 g ungesalzene Erdnüsse, gehackt
- Limettenspalten, zum Servieren

1. Die Reisnudeln in einem großen Topf mit kochendem Wasser bei geschlossenem Deckel 10 Minuten oder nach Packungsanweisung garen. Abgießen, unter fließend kaltem Wasser abschrecken und dann beiseitestellen.

2. Währenddessen den Wok oder eine große Pfanne auf hoher Stufe erhitzen. Das Öl hineingießen und sehr heiß werden lassen. Frühlingszwiebeln, Knoblauch und Chillies zugeben und bei mittlerer Hitze 1–2 Minuten pfannenrühren. Das Fleisch zugeben und bei starker Hitze 1–2 Minuten von allen Seiten bräunen.

3. Garnelen, Limettensaft, Fischsauce und Eier zugeben und alles bei mittlerer Hitze 2–3 Minuten pfannenrühren, bis die Garnelen erwärmt und die Eiermasse gestockt ist.

4. Bohnensprossen, fast den gesamten Koriander, Erdnüsse und Nudeln zugeben und alles 30 Sekunden pfannenrühren.

5. Das Gericht auf vorgewärmte Schalen verteilen. Mit dem restlichen Koriander garnieren und sofort mit Limettenspalten servieren.

2

3

4

Würzige Hackbällchen

FÜR
4 Personen

ZUBEREITUNG
10–15 Minuten

GARZEIT
8–10 Minuten

Nährwerte pro Portion	464 kcal, 31 g Fett, davon 8 g gesättigt, 0,5 g Zucker, Spuren von Salz

Die Hackbällchen sind gut zum Einfrieren geeignet. Bereiten Sie eine größere Menge zu, dann können sie stets die benötigte Portion für dieses Rezept auftauen.

ZUTATEN

675 g mageres Schweinehackfleisch
1 Knoblauchzehe, fein gehackt
1 TL frisch geriebene Ingwerwurzel
1 Prise gemahlene Nelken
½ TL frisch geriebene Muskatnuss
½ TL gemahlener Piment
2 Eigelb
40 g gemahlene Mandeln
Salz und Pfeffer
Öl, zum Braten
gemischter Salat und knuspriges Brot, zum Servieren

1. Das Fleisch in eine große Schüssel geben. Knoblauch, Gewürze, Eigelb und Mandeln zugeben. Mit Salz und Pfeffer würzen und alles gut vermengen. Mit einem Eiscremeportionierer die Fleischmasse zu kleinen Kugeln formen.

2. Etwas Öl in eine große Pfanne geben und auf hoher Stufe erhitzen. Die Hackbällchen portionsweise hineingeben und 8–10 Minuten von allen Seiten braten, bis sie braun und gar sind.

3. Die Bällchen mit einem Schaumlöffel aus der Pfanne heben und auf Küchenpapier abtropfen lassen.

4. Auf vorgewärmte Servierteller geben und sofort mit Salat und Brot servieren.

1

1

2

Pasta mit Peperoniwurst

FÜR
4 Personen

ZUBEREITUNG
10 Minuten

GARZEIT
15–20 Minuten

Nährwerte pro Portion	697 kcal, 24 g Fett, davon 7 g gesättigt, 15 g Zucker, 1 g Salz

Dieses Rezept vereint die herzhaften Aromen einer Pizza in einer Pastasauce. Noch ein Glas Chianti dazu – perfekt!

ZUTATEN

3 EL Olivenöl
1 Zwiebel, gehackt
1 rote Paprika, gewürfelt
1 orangefarbene Paprika, gewürfelt
800 g gehackte Tomaten aus der Dose
1 EL Paste aus sonnengetrockneten Tomaten
1 TL Paprikapulver
225 g Peperoniwurst, in Scheiben geschnitten
2 EL frisch gehackte glatte Petersilie, plus etwas mehr zum Garnieren
Salz und Pfeffer
450 g Penne
knuspriges Brot, zum Servieren

1. In einer großen, schweren Pfanne 2 Esslöffel Öl auf mittlerer Stufe erhitzen. Die Zwiebel zugeben und 5 Minuten unter gelegentlichem Rühren dünsten, bis sie glasig ist.

2. Paprika, Tomaten mit Saft, Tomatenpaste und Paprikapulver einrühren und aufkochen.

3. Peperoniwurst und Petersilie zugeben, salzen und pfeffern. Gut umrühren und aufkochen, dann die Hitze reduzieren und 10–15 Minuten köcheln lassen.

4. Unterdessen die Penne in einem Topf mit leicht gesalzenem Wasser 8–10 Minuten garen, bis sie al dente sind. Abgießen und abtropfen lassen. Dann das restliche Öl unter die Nudeln heben. Zur Sauce geben und vermengen.

5. Das Nudelgericht auf vorgewärmte Teller geben. Mit Petersilie garnieren und mit Brot servieren.

1

2

3

Sahnige Bolognese-Pasta

FÜR
4 Personen

ZUBEREITUNG
5 Minuten

GARZEIT
20 Minuten

Nährwerte pro Portion	810 kcal, 33 g Fett, davon 14 g gesättigt, 4 g Zucker, 0,3 g Salz

Dies ist eine üppigere Version der klassischen Bolognese. Sie wird mit Sahne abgerundet und enthält Schweine- statt Rindfleisch.

ZUTATEN

2 EL Olivenöl
1 Zwiebel, fein gehackt
500 g Schweinehackfleisch
100 ml trockener Rotwein
1 Selleriestange, gehackt
1 Knoblauchzehe, zerdrückt
2 Lorbeerblätter
200 ml passierte Tomaten
100 g Sahne
450 g Penne

1. Das Öl in einem großen Topf auf hoher Stufe erhitzen. Zwiebel und Hackfleisch darin unter Rühren braun anbraten.

2. Wein, Sellerie, Knoblauch, Lorbeer und Tomatenpüree zugeben und aufkochen. Die Hitze reduzieren, den Topf abdecken und alles 15 Minuten köcheln lassen.

3. Die Lorbeerblätter entfernen. Die Sahne einrühren und aufkochen.

4. Unterdessen die Penne in einem großen Topf mit leicht gesalzenem Wasser 8–10 Minuten garen, bis sie al dente sind. Abgießen, abtropfen und mit der Sauce vermengen.

5. Das Gericht auf vorgewärmte Teller verteilen und sofort servieren.

1

2

3

EINFRIEREN

Hält sich tiefgefroren 1 Monat, ohne Knoblauch sogar 3 Monate. Im Kühlschrank auftauen, dann gründlich erhitzen.

Spaghetti mit Speck & Croûtons

FÜR
2 Personen

ZUBEREITUNG
10 Minuten

GARZEIT
8–10 Minuten

Nährwerte pro Portion	787 kcal, 42 g Fett, davon 11 g gesättigt, 4 g Zucker, 2,7 g Salz

Die einfachsten Gerichte sind oft die besten – und wenn Sie es eilig haben, ist dieses Rezept genau das richtige für Sie!

ZUTATEN

50 g Ciabatta vom Vortag
175 g Spaghetti
2 TL Olivenöl
150 g durchwachsener Räucherspeck, gehackt
1 frischer Rosmarinzweig, im Mörser zerdrückt
15 g Butter
40 g Pinienkerne
2 Knoblauchzehen, zerdrückt
2–3 frisch gehackte glatte Petersilie
Salz und Pfeffer

1. Das Brot in die Küchenmaschine oder den Mixer geben und zu groben Bröseln zerkleinern.

2. Die Spaghetti in einem großen Topf mit leicht gesalzenem Wasser 8–10 Minuten garen, bis sie al dente sind. Abgießen und abtropfen lassen.

3. Unterdessen das Öl in einer großen Pfanne erhitzen, Speck und Rosmarin zugeben und 2–3 Minuten leicht anbräunen. Mit dem Schaumlöffel herausnehmen und beiseitestellen.

4. Die Butter in die Pfanne geben und zerlassen. Dann Brotkrumen, Pinienkerne und Knoblauch zugeben. 2–3 Minuten unter Rühren goldbraun anbraten. Mit den Spaghetti vermengen, dann Speck und Rosmarin zugeben. Mit der Petersilie bestreuen und mit Salz und Pfeffer würzen.

5. Das Gericht auf vorgewärmte Teller geben und sofort servieren.

3

3

4

Eintopf mit Kichererbsen, Chili & Chorizo

FÜR
4 Personen

ZUBEREITUNG
10 Minuten

GARZEIT
18–20 Minuten

Nährwerte pro Portion	500 kcal, 21 g Fett, davon 6 g gesättigt, 8 g Zucker, 1,3 g Salz

Chorizo ist eine sehr pikante, rötliche Paprikasalami aus Spanien.

ZUTATEN

2 EL Olivenöl

1 Zwiebel, in Ringe geschnitten

1 große Paprika, in Streifen geschnitten

1 Knoblauchzehe, zerdrückt

1 TL Chiliflocken

225 g Chorizo

400 g gehackte Tomaten aus der Dose

400 g Kichererbsen aus der Dose, abgetropft

Salz und Pfeffer

200 g Basmatireis

1 Handvoll Rucola

4 EL grob gehacktes frisches Basilikum, zum Garnieren

1. Das Öl in einer großen Kasserolle auf mittlerer Stufe erhitzen. Die Zwiebel zugeben und unter gelegentlichem Rühren 5 Minuten garen.

2. Paprika, Knoblauch und Chiliflocken zugeben und 2 Minuten unter Rühren braten. Die Chorizo in mundgerechte Stücke schneiden und einrühren.

3. Tomaten und Kichererbsen zugeben, dann mit Salz und Pfeffer würzen. Aufkochen, abdecken und 10 Minuten köcheln lassen.

4. Unterdessen den Reis in einem Topf mit leicht gesalzenem Wasser 10–12 Minuten kochen, bis er gar ist. Dann abgießen und abtropfen lassen.

5. Den Rucola in den Eintopf geben. Das Gericht auf vorgewärmte Schalen verteilen. Mit dem Basilikum garnieren und sofort mit dem Reis servieren.

2

3

5

EINFRIEREN Ohne Rucola bis zu 1 Monat tiefgefroren haltbar. Nach dem Auftauen mit etwas Wasser erhitzen. Rucola vor dem Servieren unterheben.

Rosmarinburger

FÜR
4 Personen

ZUBEREITUNG
10 Minuten

GARZEIT
10–16 Minuten

Nährwerte pro Portion	495 kcal, 16 g Fett, davon 6 g gesättigt, 4,5 g Zucker, 1,8 g Salz

Diese Burger aus Schweinefleisch eignen sich wunderbar für einen Grillabend.

ZUTATEN

500 g Schweinehackfleisch
1 kleine Zwiebel, fein gehackt
1 Knoblauchzehe, zerdrückt
1 EL frisch gehackter Rosmarin
Salz und Pfeffer
Öl, zum Bestreichen
4 EL griechischer Naturjoghurt
2 EL frisch gehackte Minze
1 Baguette, in 4 Stücke geschnitten
Tomaten- und Essiggurkenscheiben, zum Servieren

1. Das Hackfleisch in eine große Schüssel geben. Zwiebel, Knoblauch und Rosmarin zugeben. Mit Salz und Pfeffer würzen und alles gründlich vermengen.

2. Die Mischung in vier Portionen aufteilen, jede zu einer Kugel formen und diese dann zu Burgern flach drücken.

3. Eine Pfanne mit Öl einpinseln. Die Burger auf beiden Seiten je 5–8 Minuten braten. Das Fleisch muss durchgebraten sein!

4. Unterdessen Joghurt und Minze in einer kleinen Schüssel verrühren.

5. Die Baguettestücke längs durchschneiden. Die Burger auf je eine untere Baguettehälfte legen und mit Tomate und Essiggurke belegen. Etwas Minzjoghurt dazugeben und die oberen Baguettehälften darauflegen. Auf Tellern anrichten und sofort servieren.

2

3

5

ZUR ABWECHSLUNG

Als Mittagessen am Wochenende mit pikantem Apfel-Chutney, Salat und Kartoffelchips servieren.

Pizza mit roter Paprika & Parmaschinken

ERGIBT
1 Pizza

ZUBEREITUNG
10 Minuten

BACKZEIT
10 Minuten

Nährwerte pro Pizza	1772 kcal, 92 g Fett, davon 20 g gesättigt, 20 g Zucker, 6 g Salz

Eine Pizza selbst herzustellen macht Spaß. Außerdem können Sie den Belag ganz nach Ihrem Geschmack variieren.

ZUTATEN

2 EL Olivenöl
1 Pizzaboden (30 cm Ø, Fertigprodukt)
4 EL Pesto rosso
1 kleine rote Paprika, in dünne Streifen geschnitten
4 dünne Scheiben Parmaschinken
100 g Cocktailtomaten, halbiert
100 g Mozzarella, in Stücke gezupft
1 TL getrockneter Oregano
Salz und Pfeffer

1. Den Backofen auf 220 °C vorheizen. Ein Backblech mit etwas Öl bestreichen und den Pizzaboden darauflegen.

2. Den Pizzaboden mit dem Pesto bestreichen, dabei einen Rand von etwa 1 cm frei lassen. Paprika, Schinken und Tomaten auf der Pizza verteilen.

3. Mit den Mozzarellastücken belegen und mit Oregano sowie Salz und Pfeffer bestreuen. Dann mit dem restlichen Öl beträufeln.

4. Die Pizza 10 Minuten im vorgeheizten Ofen goldbraun backen. Sofort servieren.

2

2

3

ZUR ABWECHSLUNG

Für eine vegetarische Variante den Schinken durch geviertelte Artischockenherzen aus dem Glas ersetzen.

Geflügel

Chicken-Nuggets mit Barbecue-Sauce

FÜR
4 Personen

ZUBEREITUNG
10 Minuten

GARZEIT
10 Minuten

Nährwerte pro Portion	760 kcal, 38 g Fett, davon 24 g gesättigt, 66 g Zucker, 3 g Salz

Wenn Sie einmal dieses Rezept probiert haben, werden Sie nie wieder die Fast-Food-Variante essen wollen!

ZUTATEN

4 EL Semmelbrösel
2 EL frisch geriebener Parmesan
2 TL frisch gehackter Thymian (oder 1 TL getrockneter)
Salz und Pfeffer
2 Hähnchenbrustfilets, grob gewürfelt
120 g Butter, zerlassen

Barbecue-Sauce

50 g Butter
2 große Zwiebeln, gerieben
300 ml Cidre oder Weinessig
300 ml Ketchup
175 g Muskovado-Zucker
1–2 TL Worcestersauce
Salz und Pfeffer

1. Den Backofen auf 200 °C vorheizen. Semmelbrösel, Käse und Thymian in eine flache Schüssel geben. Mit Salz und Pfeffer bestreuen und vermengen.

2. Die Hähnchenwürfel in der zerlassenen Butter wenden, abtropfen lassen und dann in der Semmelbröselmischung wenden.

3. Die Hähnchenwürfel in einer Lage auf ein Backblech legen. Im vorgeheizten Ofen 10 Minuten backen, bis die Nuggets gar sind.

4. Unterdessen für die Sauce die Butter in einem großen Topf bei niedriger Hitze zerlassen. Die Zwiebeln hineingeben und glasig garen, aber nicht bräunen. Cidre, Ketchup, Zucker und Worcestersauce zugeben. Unter Rühren erhitzen, bis der Zucker vollständig aufgelöst ist. Mit Salz und Pfeffer abschmecken. Aufkochen, dann die Hitze reduzieren und die Sauce 5 Minuten köcheln lassen.

5. Die Nuggets auf vorgewärmte Teller verteilen und sofort mit der Sauce servieren.

2

2

4

Hähnchenflügel aus dem Backofen

FÜR 4 Personen | ZUBEREITUNG 5 Minuten | GARZEIT 20 Minuten

Nährwerte pro Portion	551 kcal, 25 g Fett, davon 11 g gesättigt, 2 g Zucker, 1,5 g Salz

Die Hähnchenflügel eignen sich gut für Picknicks. Als Beilage passen knackige Karotten- und Selleriesticks mit Blauschimmelkäse-Dressing.

ZUTATEN

12 Hähnchenflügel
1 Ei
50 ml Milch
4 gehäufte EL Mehl
1 TL Paprikapulver
Salz und Pfeffer
225 g frische Semmelbrösel
50 g Butter, zerlassen

1. Den Backofen auf 220 °C vorheizen. Jeden Hähnchenflügel in drei Stücke teilen. Die harte Flügelspitze abschneiden und wegwerfen. Ei und Milch in einer flachen Schüssel verquirlen. Mehl, Paprikapulver, Salz und Pfeffer in einer zweiten flachen Schüssel vermengen. Die Semmelbrösel in eine dritte Schüssel geben.

2. Jedes Hähnchenteil erst in der Mehlmischung wenden, dann in der Eiermilch. Kurz abtropfen lassen und in den Semmelbröseln wenden.

3. Die zerlassene Butter in einen großen Bräter geben. Die Hähnchenflügel in einer Lage darin ausbreiten. Im vorgeheizten Ofen 20 Minuten backen, dabei ab und zu wenden. Wenn die Stücke gar sind (beim Einstechen in die dickste Stelle sollte klarer Fleischsaft austreten), aus dem Ofen nehmen.

4. Die Hähnchenflügel auf vorgewärmten Tellern anrichten und sofort servieren.

1

2

3

Yaki-Soba

FÜR
2 Personen

ZUBEREITUNG
5 Minuten

GARZEIT
8–10 Minuten

Nährwerte pro Portion	584 kcal, 13 g Fett, davon 2 g gesättigt, 10 g Zucker, 3,7 g Salz

Dieses Rezept stammt aus Japan, aber wahrscheinlich ist es in Anlehnung an das berühmte chinesische Chow Mein entstanden.

ZUTATEN

400 g Ramen-Nudeln
1 Zwiebel, in Ringe geschnitten
200 g Bohnensprossen
1 rote Paprika, in Streifen geschnitten
150 g Hähnchenfleisch, gekocht und in Scheiben geschnitten
12 gekochte und ausgelöste Garnelen
1 EL Öl, zum Braten
2 EL Shoyu (japanische Sojasauce)
1 TL Sesamöl
Sesamsaat und in feine Ringe geschnittene Frühlingszwiebel, zum Garnieren

1. Die Nudeln in einem Topf mit leicht gesalzenem Wasser 4 Minuten oder nach Packungsanweisung kochen, bis sie gar sind. Abtropfen lassen und beiseitestellen.

2. Zwiebel, Sprossen, Paprika, Hähnchen und Garnelen in eine große Schüssel geben. Mit den Nudeln vermengen und alles gut unterheben. Unterdessen einen Wok oder eine große Pfanne auf hoher Stufe erhitzen. Das Öl zugeben und sehr heiß werden lassen.

3. Die Nudelmischung hineingeben und 4 Minuten pfannenrühren. Shoyu und Sesamöl zugießen und alles vermengen.

4. Das Yaki Soba auf vorgewärmte Servierschalen verteilen. Mit Sesam und Frühlingszwiebelringen garnieren und sofort servieren.

2

3

4

Gebratener Hähnchen-Gemüse-Reis

FÜR
4 Personen

ZUBEREITUNG
10 Minuten

GARZEIT
10–12 Minuten

Nährwerte pro Portion	423 kcal, 10 g Fett, 2,5 g gesättigt, 12 g Zucker, 2,5 g Salz

Dieses Blitzgericht ist wirklich im Handumdrehen zubereitet und kann nach Lust und Laune abgewandelt werden.

ZUTATEN

100 g Basmatireis
½ EL Sesamöl
6 Schalotten, geschält und geviertelt
450 g gekochtes Hähnchenfleisch, gewürfelt
3 EL Sojasauce
2 Karotten, gewürfelt
1 Selleriestange, gewürfelt
1 rote Paprika, gewürfelt
175 g frische junge Erbsen, gepalt
100 g Mais aus der Dose, abgetropft
2 große Eier

1. Den Reis in einem Topf mit leicht gesalzenem Wasser 10–12 Minuten kochen, bis er gar ist. Dann abgießen und abtropfen lassen.

2. Unterdessen einen Wok oder eine große Pfanne auf hoher Stufe erhitzen. Das Öl zugießen und sehr heiß werden lassen.

3. Die Schalotten zugeben und glasig braten, Hähnchenfleisch und 2 Esslöffel Sojasauce zugeben und alles 5–6 Minuten pfannenrühren.

4. Karotten, Sellerie, Paprika, Erbsen und Mais zugeben und nochmals 5 Minuten pfannenrühren.

5. Den Reis sorgfältig unterheben. Die Eier verquirlen und über den Reis gießen. Unter Rühren braten, bis die Eiermasse gestockt ist. Die restliche Sojasauce zugeben.

6. Das Gericht auf vorgewärmte Schalen verteilen und sofort servieren.

2

3

4

Knoblauchhähnchen mit Porree

FÜR 4 Personen | ZUBEREITUNG 8 Minuten | GARZEIT 8 Minuten

Nährwerte pro Portion	200 kcal, 5 g Fett, davon 1 g gesättigt, 9 g Zucker, 1,5 g Salz

Hähnchen und Porree passen wunderbar zusammen und gehen hier eine köstliche Verbindung mit frischem Ingwer und Sojasauce ein.

ZUTATEN

450 g Hähnchenbrustfilet, in kleinen Stücken
1 EL Erdnussöl
6 Knoblauchzehen, in Scheiben
2,5-cm-Stück Ingwerwurzel, gerieben
200 g Porree, in Ringen
4 Frühlingszwiebeln, gehackt
1 EL klarer Honig

Marinade

2 EL Reiswein
2 EL dunkle Sojasauce
1 TL Sesamöl

1. Für die Marinade alle Zutaten in einer großen Schüssel verrühren. Das Hähnchenfleisch zugeben und gut vermengen.

2. Das Hähnchenfleisch herausnehmen, die Marinade aufbewahren. Einen Wok oder eine große Pfanne auf hoher Stufe erhitzen. Das Öl zugießen und sehr heiß werden lassen. Das abgetropfte Hähnchenfleisch darin 3 Minuten pfannenrühren.

3. Knoblauch, Ingwer, Porree und Frühlingszwiebeln zugeben und 3 Minuten mitbraten. Restliche Marinade und Honig zugeben und alles etwa 1 weitere Minute braten, bis das Hähnchenfleisch durchgegart ist.

4. Das Hähnchengericht auf vorgewärmte Schalen verteilen und sofort servieren.

1

2

3

DAZU PASST
Wählen Sie als schnell gemachte Beilage Instantnudeln oder Instantreis.

Penne mit Hähnchen & Sahnesauce

FÜR
2 Personen

ZUBEREITUNG
5 Minuten

GARZEIT
10–12 Minuten

Nährwerte pro Portion	810 kcal, 30 g Fett, davon 14 g gesättigt, 4 g Zucker, 0,3 g Salz

Weißwein und Sahne machen aus diesem schlichten Pastagericht ein echtes Festessen.

ZUTATEN

200 g Penne
Salz
1 EL Olivenöl
2 Hähnchenbrustfilets
4 EL trockener Weißwein
120 g Erbsen, Tiefkühlware aufgetaut
5 EL Schlagsahne extra
4–5 EL frisch gehackte Petersilie, zum Garnieren

1. Die Penne in einem Topf mit leicht gesalzenem Wasser 8–10 Minuten garen, bis sie al dente sind.

2. Unterdessen das Öl in einer Pfanne auf mittlerer Stufe erhitzen. Die Hähnchenbrustfilets zugeben und unter einmaligem Wenden 8–10 Minuten braten, bis sie gar sind (beim Einstechen in die dickste Stelle sollte klarer Fleischsaft austreten).

3. Den Wein in die Pfanne gießen und bei starker Hitze verkochen lassen.

4. Die Penne abtropfen lassen. Erbsen, Sahne und Nudeln zum Fleisch in die Pfanne geben und gut vermengen. Abdecken und 2 Minuten köcheln lassen.

5. Auf vorgewärmten Tellern anrichten. Mit frischer Petersilie garnieren und sofort servieren.

1

2

3

GANZ GESUND Statt Sahne können Sie auch griechischen Joghurt verwenden.

Fettuccine mit Hähnchen & Basilikumpesto

FÜR
4 Personen

ZUBEREITUNG
5–10 Minuten

GARZEIT
8–10 Minuten

Nährwerte pro Portion	895 kcal, 46 g Fett, davon 9 g gesättigt, 2,5 g Zucker, 0,7 g Salz

Keine Zeit, den Pesto selbst herzustellen? Nehmen Sie ein qualitativ hohes Produkt aus dem Supermarkt!

ZUTATEN

2 EL Pflanzenöl
4 Hähnchenbrustfilets
350 g Fettuccine
Salz und Pfeffer
frische Basilikumblätter, zum Garnieren

Pesto

100 g frisch gehacktes Basilikum
125 ml natives Olivenöl extra
2 EL Pinienkerne
3 Knoblauchzehen, zerdrückt
Salz
50 g Parmesan, frisch gerieben
2 EL frisch geriebener Pecorino

1. Für den Pesto Basilikum, Öl, Pinienkerne, Knoblauch und eine gute Prise Salz in eine Küchenmaschine oder den Mixer geben und zu einer glatten Masse verarbeiten. Die Mischung in eine Schale geben und beide Käsesorten unterrühren.

2. Das Öl in einer Pfanne auf mittlerer Stufe erhitzen. Die Hähnchenbrustfilets zugeben und unter einmaligem Wenden 8–10 Minuten braten, bis sie gar sind (beim Einstechen in die dickste Stelle sollte klarer Fleischsaft austreten). Das Hähnchenfleisch würfeln.

3. Unterdessen die Fettuccine in einem Topf mit leicht gesalzenem Wasser 8–10 Minuten garen, bis sie al dente sind. Abgießen, abtropfen lassen und in eine vorgewärmte Schüssel geben. Hähnchen und Pesto zugeben, mit Salz und Pfeffer abschmecken und alles gut vermengen.

4. Das Gericht auf vorgewärmte Teller verteilen. Mit Basilikum garnieren und sofort servieren.

1

1

2

Hähnchen-Gumbo nach Cajun-Art

FÜR
2 Personen

ZUBEREITUNG
5 Minuten

GARZEIT
20 Minuten

Nährwerte pro Portion	463 kcal, 9 g Fett, davon 1,5 g gesättigt, 8 g Zucker, 0,8 g Salz

Ein pikanter Hähnchentopf aus dem amerikanischen Süden. Er eignet sich perfekt für ein größeres Gästeessen.

ZUTATEN

1 EL Sonnenblumenöl
4 Hähnchenoberschenkel
1 kleine Zwiebel, gewürfelt
2 Selleriestangen, gewürfelt
1 kleine grüne Paprika, gewürfelt
80 g Langkornreis
300 ml Hühnerbrühe
1 frische rote Chili, in feine Ringe geschnitten
250 g Okras
1 EL Tomatenmark
Salz und Pfeffer

1. Das Öl auf mittlerer Stufe in einer großen Pfanne erhitzen. Die Hähnchenschenkel hineingeben und goldbraun anbraten. Mit dem Schaumlöffel aus der Pfanne nehmen. Zwiebel, Sellerie und Paprika in die Pfanne geben und 1 Minute braten. Überschüssiges Fett abgießen.

2. Den Reis in die Pfanne geben und unter kräftigem Rühren 1 Minute braten. Die Brühe zugeben und aufkochen.

3. Chili und Okras mit dem Tomatenmark in die Pfanne geben. Mit Salz und Pfeffer würzen.

4. Die Hähnchenschenkel wieder in die Pfanne geben und umrühren. Den Deckel fest auflegen und alles 15 Minuten köcheln lassen, bis die ganze Flüssigkeit vom Reis aufgenommen wurde und das Hähnchenfleisch gar ist (beim Einstechen in die dickste Stelle sollte klarer Fleischsaft austreten). Ab und zu umrühren. Falls die Mischung zu trocken wird, noch etwas heißes Wasser nachgießen. Auf vorgewärmte Teller geben und sofort servieren.

1

1

3

TIPP

Okras sollten nicht zu lange garen, sonst werden sie zäh und klebrig.

Hähnchen-Quesadillas

FÜR
4 Personen

ZUBEREITUNG
15 Minuten

GARZEIT
30 Minuten

Nährwerte pro Portion	767 kcal, 31 g Fett, davon 14 g gesättigt, 5 g Zucker, 2,3 g Salz

Ein köstlicher Snack und eine tolle Idee für Gäste. Die Füllung können sie nach Belieben variieren.

ZUTATEN

3–4 EL Sonnenblumenöl
1 rote Zwiebel, in dünne Spalten geschnitten
400 g Hähnchenbrustfilet, fein gewürfelt
1 gelbe Paprika, in dünne Streifen geschnitten
1 TL Chilipulver
Salz und Pfeffer
8 Weizenmehl-Tortillas
8 EL milde Salsa
225 g mittelalter Gouda, gerieben
4 EL frisch gehackter Koriander

Zum Servieren

saure Sahne
Guacamole
Limettenspalten

1. In einer Pfanne 1 Esslöffel Öl erhitzen und die Zwiebel darin 5 Minuten glasig braten. Hähnchenfleisch und Paprika zugeben und bei mittlerer Hitze unter häufigem Rühren 10–12 Minuten braten, bis das Hähnchenfleisch durchgegart ist. Das Chilipulver einrühren und alles mit Salz und Pfeffer bestreuen.

2. 4 Tortillas mit je 2 Esslöffeln Salsa bestreichen, dabei einen 1 cm breiten Rand frei lassen. Die Hähnchenmischung darauf verteilen, dann Käse und Koriander darüberstreuen. Je eine nicht belegte Tortilla auf eine belegte legen, vorsichtig andrücken und auf diese Weise vier Quesadillas herstellen.

3. Etwas von dem restlichen Öl in einer großen Pfanne erhitzen und die Quesadillas darin einzeln 3–4 Minuten von jeder Seite braten. Sie sollten knusprig und leicht gebräunt sein. Eventuell noch das restliche Öl zugießen.

4. Die Quesadillas, nach Belieben geviertelt, auf vorgewärmte Teller verteilen und sofort mit saurer Sahne, Guacamole und Limettenspalten servieren.

1

1

2

Hähnchenspieße mit Reis

FÜR 4 Personen | ZUBEREITUNG 10 Minuten | GARZEIT ca. 15 Minuten

Nährwerte pro Portion	372 kcal, 9 g Fett, davon 2 g gesättigt, 1 g Zucker, 0,3 g Salz

Die Hähnchenspieße erhalten eine würzige Glasur, damit sie saftig und aromatisch bleiben.

ZUTATEN

1 kleine Zwiebel, geviertelt
1 Knoblauchzehe
2 frische grüne Chillies
2,5-cm-Stück Ingwerwurzel
1 TL gemahlener Piment
1½ TL getrockneter Thymian
Saft von ½ Limette
2 EL Olivenöl
500 g Hähnchenoberschenkel, Fleisch in Stücke geschnitten
200 g Basmatireis
Salz
1 EL abgeriebene Limettenschale
2 EL frische Korianderblätter
Limettenspalten, zum Servieren

1. Zwiebel, Knoblauch, Chillies, Ingwer, Piment, Thymian, Limettensaft und Olivenöl in eine Küchenmaschine oder einen Mixer geben und glatt pürieren. In eine Schüssel geben und die Hähnchenstücke unterheben. Abdecken und 5 Minuten stehen lassen.

2. Den Reis in einem Topf mit leicht gesalzenem Wasser 10–12 Minuten kochen, bis er gar ist. Abgießen, dann Limettenschale und Koriander unterrühren. Den Topf mit einem sauberen Geschirrtuch abdecken und den Reis ausquellen lassen.

3. Unterdessen den Backofengrill auf hoher Stufe vorheizen. Die Hähnchenstücke auf acht in Wasser eingeweichte Holzspieße stecken. Die Spieße 12–15 Minuten grillen, bis das Fleisch gar ist, dabei ab und zu wenden.

4. Die Spieße auf vorgewärmte Teller geben. Sofort mit Limettenspalten und dem Limetten-Koriander-Reis servieren.

1

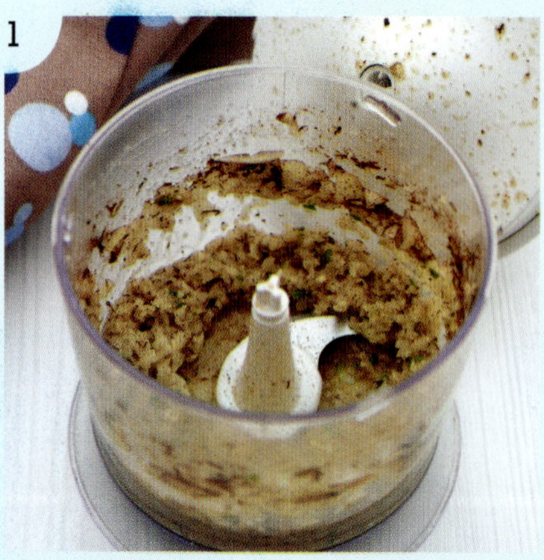

1

2

TIPP

Die Hähnchenmarinade ist sehr kräftig und pikant. Wenn Sie es milder mögen, verwenden Sie nur 1 Chili, die Sie vor dem Verwenden entkernen.

Hähnchen-Kräuter-Bällchen

FÜR
4 Personen

ZUBEREITUNG
5 Minuten

GARZEIT
5–10 Minuten

Nährwerte pro Portion	468 kcal, 18 g Fett, davon 6 g gesättigt, 2 g Zucker, 2 g Salz

Diese Bällchen sind zwar auch am nächsten Tag noch ein Hochgenuss, aber sie schmecken so lecker, dass wahrscheinlich nichts von ihnen übrig bleiben wird.

ZUTATEN

500 g Kartoffelpüree, mit etwas Butter vermischt

250 g gekochtes Hähnchenfleisch, gehackt

125 g gekochter Schinken, fein gehackt

1 EL gemischte frisch gehackte Kräuter

2 Eier

Salz und Pfeffer

1 EL Milch

125 g frische Semmelbrösel

Öl, zum Braten

gemischte Salatblätter, zum Servieren

1. Kartoffelpüree, Hähnchenfleisch, Schinken, Kräuter und 1 Ei in eine große Schüssel geben. Mit Salz und Pfeffer würzen und gut vermengen.

2. Die Mischung zu kleinen Kugeln formen.

3. Das zweite Ei mit der Milch in einer flachen Schüssel verquirlen. Die Semmelbrösel in einer zweiten flachen Schüssel bereitstellen.

4. Die Bällchen zuerst in der Eiermilch wenden, leicht abtropfen lassen, dann in den Semmelbröseln wenden.

5. Das Öl in einer großen Pfanne auf mittlerer Stufe erhitzen. Die Bällchen darin rundum goldbraun anbraten.

6. Die gebratenen Bällchen in eine vorgewärmte Schüssel geben und mit Salatblättern servieren.

1

2

3

Backhähnchen mit Tapenade

FÜR
4 Personen

ZUBEREITUNG
10 Minuten

GARZEIT
20 Minuten

Nährwerte pro Portion	574 kcal, 25 g Fett, davon 6 g gesättigt, 4 g Zucker, 2,6 g Salz

Tapenade ist eine dicke Paste aus grünen oder schwarzen Oliven, manchmal auch mit sonnengetrockneten Tomaten.

ZUTATEN

4 Hähnchenbrustfilets
4 EL grüne Oliventapenade
8 dünne Scheiben geräucherter Pancetta
2 Knoblauchzehen, gehackt
250 g Cocktailtomaten, halbiert
Salz und Pfeffer
100 ml trockener Weißwein
2 EL Olivenöl
8 Scheiben Ciabatta

1. Den Backofen auf 220 °C vorheizen. Jede Hähnchenbrust dreimal tief einschneiden. Mit einem Löffel die Tapenade auf den Fleischstücken verstreichen und dabei auch etwas Paste in die Schlitze drücken. Jede Hähnchenbrust in 2 Scheiben Pancetta einwickeln.

2. Die Hähnchenbrustfilets in eine Auflaufform legen. Knoblauch und Tomaten ringsum in die Form geben. Mit Salz und Pfeffer würzen, dann mit dem Wein übergießen und mit 1 Esslöffel Öl beträufeln.

3. Im Ofen 20 Minuten backen, bis das Hähnchen gar ist (beim Einstechen an der dicksten Stelle sollte klarer Fleischsaft austreten). Die Form lose mit Alufolie abdecken und 5 Minuten ruhen lassen.

4. Unterdessen den Backofengrill auf hoher Stufe vorheizen. Die Ciabattascheiben mit dem restlichen Öl bestreichen und 2–3 Minuten unter dem Grill rösten, dabei einmal wenden.

5. Das Backhähnchen auf vorgewärmte Teller geben und mit den Ciabattascheiben servieren.

1

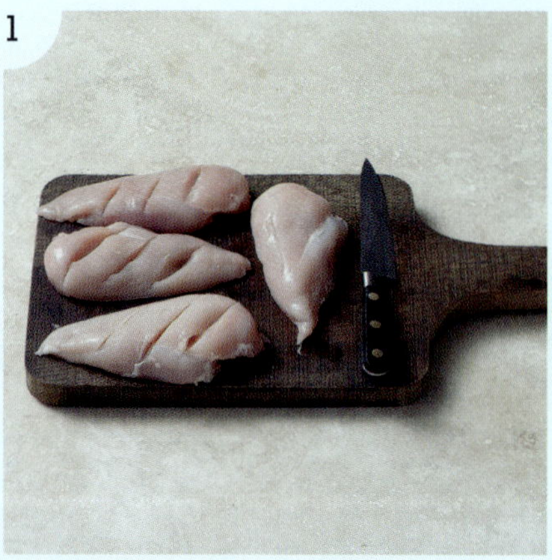

1

3

GUT VORBEREITET

Bereiten Sie das Gericht früh am Tag vor. Stellen Sie die gefüllte Auflaufform abgedeckt in den Kühlschrank und geben Sie sie dann rechtzeitig vor der Essenszeit in den vorgeheizten Backofen.

Hähnchenbrust mit Parmesankruste

FÜR
4 Personen

ZUBEREITUNG
10 Minuten

GARZEIT
20 Minuten

Nährwerte pro Portion	355 kcal, 18 g Fett, davon 2,5 g gesättigt, 0,5 g Zucker, 0,7 g Salz

Die Kombination der Aromen von Zitrone und Basilikum sowie die knusprige Kruste machen dieses einfache Hähnchenrezept zu einem raffinierten Hauptgericht.

ZUTATEN

4 Hähnchenbrustfilets
5 EL Pesto
40 g Ciabattabrösel
25 g Parmesan, gerieben
fein abgeriebene Schale von 1 Zitrone
Salz und Pfeffer
2 EL Olivenöl
gegrillte Strauchtomaten, zum Servieren

1. Den Backofen auf 220 °C vorheizen. In jede Hähnchenbrust waagerecht eine Tasche schneiden. Je 1 Esslöffel Pesto in jede Tasche streichen und diese wieder zudrücken. Die Hähnchenbrüste in eine Auflaufform geben.

2. Den restlichen Pesto mit Ciabattabröseln, Parmesan und Zitronenschale verrühren. Die Mischung auf die Hähnchenbrüste streichen. Mit Salz und Pfeffer würzen und mit dem Öl beträufeln.

3. Im vorgeheizten Ofen 20 Minuten backen, bis das Hähnchenfleisch gar ist (beim Einstechen an der dicksten Stelle sollte klarer Fleischsaft austreten).

4. Die Hähnchenbrüste auf vorgewärmte Teller verteilen und sofort mit gegrillten Tomaten servieren.

1

1

2

Hähnchen mit Parmaschinken & Mozzarella

FÜR
4 Personen

ZUBEREITUNG
5 Minuten

GARZEIT
20–25 Minuten

Nährwerte pro Portion	300 kcal, 10 g Fett, davon 6 g gesättigt, 2 g Zucker, 1 g Salz

Hähnchenbrust ist fettarm, aber durch Mozzarella und Schinken bleibt sie saftig und aromatisch.

ZUTATEN

4 Hähnchenbrustfilets
150 g Mozzarella
8 große frische Basilikumblätter
4 dünne Scheiben Parmaschinken
3 EL trockener Weißwein
250 g passierte Tomaten
Salz und Pfeffer
Salatblätter, zum Servieren

1. Den Backofen auf 220 °C vorheizen. In jede Hähnchenbrust waagerecht eine Tasche schneiden. Den Mozzarella vierteln und jedes Stück mit 2 Basilikumblättern umwickeln. Je 1 Mozzarellapaket in 1 Tasche schieben. Die Hähnchenbrüste je in 1 Scheibe Schinken einwickeln.

2. Die Hähnchenbrustfilets auf ein tiefes Backblech geben. Mit Wein und Tomatenpüree übergießen, dann salzen und pfeffern. Im vorgeheizten Ofen 20–25 Minuten backen, bis das Hähnchenfleisch gar ist (beim Einstechen an der dicksten Stelle sollte klarer Fleischsaft austreten), dabei ab und zu wenden.

3. Die Hähnchenbrüste auf vorgewärmte Teller verteilen und sofort mit Salatblättern servieren.

1

1

2

GUT VORBEREITET

Für ein Gästeessen können Sie das Gericht am Vortag vorbereiten und bis zum Backen abgedeckt im Kühlschrank aufbewahren.

Hähnchentopf mit Haube

FÜR
4 Personen

ZUBEREITUNG
10 Minuten

GAR- UND BACKZEIT
25–30 Minuten

Nährwerte pro Portion	738 kcal, 47 g Fett, davon 18 g gesättigt, 3 g Zucker, 1,2 g Salz

Fertig gekaufter Mürbeteig ist ein praktischer Vorratsartikel. Er spart eine Menge Zeit und Mühe.

ZUTATEN

2 EL Olivenöl
450 g Hähnchenbrustfilet, in Stücke geschnitten
175 g kleine Champignons
1 Bund Frühlingszwiebeln
120 g Crème fraîche
4 EL Hühnerbrühe
Salz und Pfeffer
375 g fertiger, ausgerollter Mürbeteig ohne Zucker
verquirltes Ei oder etwas Milch, zum Glasieren
grünes Gemüse, zum Servieren

1. Den Backofen auf 220 °C vorheizen, dabei ein Backblech mit hineingeben.

2. Das Öl in einer großen Pfanne auf hoher Stufe erhitzen. Das Hähnchen darin 2–3 Minuten unter häufigem Rühren braten. Champignons und Zwiebeln zugeben und nochmals 2 Minuten braten.

3. Crème fraîche, Brühe, Salz und Pfeffer zugeben, dann alles in eine runde, flache Auflaufform (1,5 l Inhalt) geben.

4. Den Mürbeteig obenauflegen und an den Rändern wulstig zusammendrücken, bis der Teig genau auf die Form passt und nicht überhängt. In der Mitte leicht einschneiden und mit Ei oder Milch bestreichen.

5. Die Form auf das mitvorgeheizte Backblech stellen und 20–25 Minuten backen, bis der Teig goldbraun und fest ist. Auf vorgewärmte Teller verteilen und sofort mit grünem Gemüse servieren.

2

2

3

ZUR ABWECHSLUNG

Ersetzen Sie das Hähnchen- durch Putenbrustfleisch und verwenden Sie statt Brühe trockenen Weißwein oder Wermut.

Honig-Senf-Hähnchen

FÜR
4 Personen

ZUBEREITUNG
5 Minuten

GARZEIT
15–20 Minuten

Nährwerte pro Portion	282 kcal, 14 g Fett, davon 4 g gesättigt, 5 g Zucker, 1,1 g Salz

Dieses Rezept eignet sich gut als kalter Snack bei Picknicks. Das süß-pikante Aroma ist einfach unwiderstehlich.

ZUTATEN

8 Hähnchenteile (Ober- und Unterschenkel, Flügel)
2 EL Dijon-Senf
2 EL Worcestersauce
1 EL klarer Honig
Salz und Pfeffer
knuspriges Brot, zum Servieren

1. Den Backofen auf 220 °C vorheizen. Die Hähnchenteile von sichtbarem Fett befreien und die dicksten Stellen tief einschneiden.

2. Senf, Worcestersauce und Honig in einer großen Schüssel verrühren. Mit Salz und Pfeffer würzen. Die Hähnchenteile zur Marinade geben und gründlich darin wenden.

3. Die Hähnchenteile in einer Lage auf ein großes Backblech geben. Im vorgeheizten Ofen 15–20 Minuten backen, ab und zu wenden, bis das Fleisch gar ist (beim Einstechen an der dicksten Stelle sollte klarer Fleischsaft austreten).

4. Die Hähnchenstücke auf vorgewärmte Teller geben und sofort mit knusprigem Brot servieren.

1

2

3

TIPP

Damit sich das Aroma optimal entfaltet, marinieren Sie die Hähnchenteile etwa 1 Stunde oder über Nacht im Kühlschrank.

Piri-Piri-Hähnchen

FÜR
4 Personen

ZUBEREITUNG
5 Minuten

GARZEIT
20–25 Minuten

Nährwerte pro Portion	164 kcal, 4 g Fett, davon 1,5 g gesättigt, 0 g Zucker, 0,4 g Salz

Dieses feurige Hähnchengericht stammt aus Portugal. Piri Piri ist eine spezielle, sehr scharfe Chili.

ZUTATEN

8 Hähnchenunterschenkel
1½ TL zerdrückte getrocknete rote Chillies
2 Knoblauchzehen, zerdrückt
1 TL getrockneter Oregano
2 TL geräuchertes Paprikapulver
Saft von ½ Zitrone
Salz und Pfeffer

Zum Servieren
Zitronenspalten
gemischte Salatblätter
Fladenbrot

1. Den Backofen auf 220 °C vorheizen. Die Hähnchenschenkel an der dicksten Stelle mehrmals tief einschneiden.

2. Chillies, Knoblauch, Oregano, Paprika und Zitronensaft in eine große Schüssel geben. Salzen und pfeffern und alles gut vermischen. Die Hähnchenteile zugeben und gründlich darin wenden.

3. Die Hähnchenteile in einer Lage auf ein großes Backblech geben. Im vorgeheizten Ofen 20–25 Minuten backen, bis das Fleisch gar ist (beim Einstechen an der dicksten Stelle sollte klarer Fleischsaft austreten), dabei ab und zu wenden.

4. Die Hähnchenschenkel auf vorgewärmte Teller geben und sofort mit Zitronenspalten, Salatblättern und Fladenbrot servieren.

1

2

2

GANZ GESUND

Entfernen Sie das sichtbare Fett und die Haut mit Küchenpapier, bevor Sie die Schenkel marinieren.

Hähnchenschenkel mit Barbecue-Sauce

FÜR
4 Personen

ZUBEREITUNG
5 Minuten

GARZEIT
15–20 Minuten

Nährwerte pro Portion	211 kcal, 7 g Fett, davon 1,5 g gesättigt, 5 g Zucker, 2,1 g Salz

Wer kann schon einem knusprig gegrillten Hähnchen mit einer delikaten süß-pikanten Glasur widerstehen?

ZUTATEN

8 Hähnchenoberschenkel ohne Haut
5 EL Ketchup
2 EL Sojasauce
1 EL frisch geriebene Ingwerwurzel
1 Knoblauchzehe, zerdrückt
1 EL Olivenöl
Salz und Pfeffer
gemischte Salatblätter und frisch gekochter Reis, zum Servieren

1. Den Backofen auf 220 °C vorheizen. Die Hähnchenschenkel an der dicksten Stelle mehrmals tief einschneiden.

2. Ketchup, Sojasauce, Ingwer, Knoblauch und Olivenöl in eine große Schüssel geben. Salzen und pfeffern und alles gut vermischen. Die Hähnchenteile zugeben und gründlich darin wenden.

3. Die Hähnchenschenkel in einer Lage auf ein großes Backblech geben. Im vorgeheizten Ofen 15–20 Minuten backen, bis das Fleisch gar ist (beim Einstechen an der dicksten Stelle sollte klarer Fleischsaft austreten), dabei ab und zu wenden.

4. Die Hähnchenschenkel auf vorgewärmte Teller geben und sofort mit Salatblättern und Reis servieren.

1

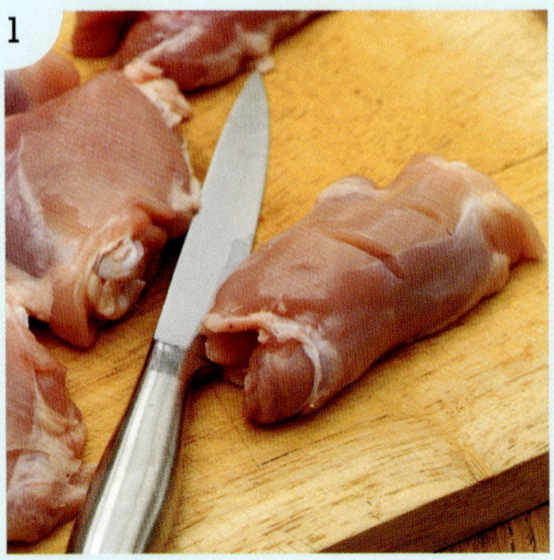

2

2

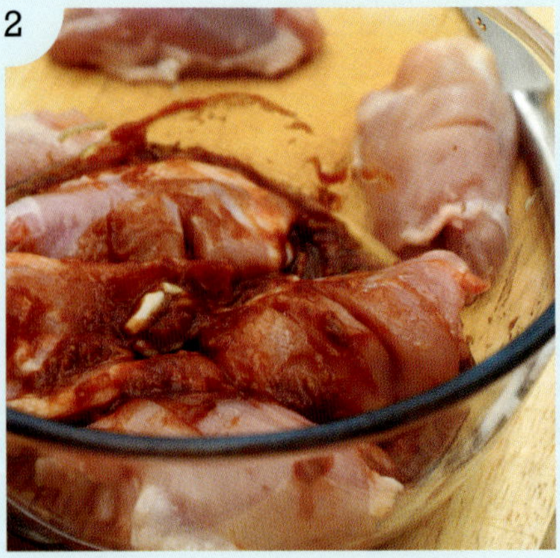

ZUR ABWECHSLUNG

Die Hähnchenschenkel bei höchster Stufe auf dem Grill etwa 15–20 Minuten grillen, dabei ab und zu wenden.

Putenchili mit Tortilla-Chips

FÜR
4 Personen

ZUBEREITUNG
10 Minuten

GARZEIT
22–25 Minuten

Nährwerte pro Portion	270 kcal, 7 g Fett, davon 1 g gesättigt, 5 g Zucker, 1 g Salz

Dieses einfache, pikante Eintopfgericht eignet sich für ein Familienessen ebenso wie für eine Party.

ZUTATEN

2 EL Olivenöl
1 große Zwiebel, gewürfelt
500 g Putenfleisch, sehr fein gehackt
1 Knoblauchzehe, zerdrückt
400 g gehackte Tomaten aus der Dose
400 g Borlottibohnen aus der Dose, abgetropft
200 ml Hühnerbrühe
2 TL zerdrückte getrocknete Chillies
1 TL getrockneter Thymian
Salz und Pfeffer
saure Sahne und Tortilla-Chips, zum Servieren

1. Das Öl in einer großen Pfanne auf hoher Stufe erhitzen, Zwiebel und Hackfleisch hineingeben und unter Rühren anbräunen.

2. Knoblauch, Tomaten, Bohnen, Brühe, Chillies und Thymian sowie Salz und Pfeffer zugeben. Alles unter Rühren aufkochen, dann die Hitze reduzieren und alles 20 Minuten köcheln lassen, dabei ab und zu umrühren.

3. Das Chiligericht auf vorgewärmte Schalen verteilen und mit saurer Sahne und Tortilla-Chips servieren.

1

1

2

DAZU PASST

Ergänzen Sie das Gericht durch einen knackigen Salat aus Eisbergsalat, Gurke und Avocado.

Putenschnitzel mit Kartoffelspalten

FÜR
4 Personen

ZUBEREITUNG
15 Minuten

GARZEIT
25 Minuten

Nährwerte pro Portion	518 kcal, 17,5 g Fett, davon 4,5 g gesättigt, 1,5 g Zucker, 0,7 g Salz

Diese Abwandlung des klassischen Wiener Schnitzels, das aus Kalbfleisch zubereitet wird, schmeckt genauso köstlich!

ZUTATEN

4 große Kartoffeln
2 EL Olivenöl, plus etwas mehr zum Braten
1 EL getrockneter Salbei
Salz und Pfeffer
50 g frische Semmelbrösel
40 g Parmesan, fein gerieben
4 sehr dünn geschnittene Putenschnitzel
1 Ei, verquirlt
Zitronenspalten, zum Servieren

1. Den Backofen auf 220 °C vorheizen. Jede Kartoffel in acht Spalten schneiden. Kartoffelspalten, Öl und 1 Teelöffel Salbei in einer großen Schüssel vermengen. Salzen und pfeffern. Die Kartoffeln in einer Lage auf ein Backblech geben. Im vorgeheizten Ofen 25 Minuten backen, bis die Kartoffeln leicht gebräunt und gar sind.

2. Unterdessen Semmelbrösel, Käse und restlichen Salbei in eine flache Schüssel geben. Mit Salz und Pfeffer würzen und gut vermengen. Das verquirlte Ei in eine andere Schüssel geben. Die Putenschnitzel erst im Ei wenden. Abtropfen lassen, dann in der Bröselmischung wenden, dabei die Schnitzel an den Schüsselboden drücken.

3. Etwas Öl in einer Pfanne auf hoher Stufe erhitzen und die Putenschnitzel darin 4–5 Minuten braten, dabei einmal wenden. Das Fleisch ist gar, wenn beim Einstechen der austretende Fleischsaft klar ist.

4. Die Schnitzel auf vorgewärmten Tellern anrichten und sofort mit Kartoffel- und Zitronenspalten servieren.

1

2

2

DAZU PASST

Servieren Sie dazu einen frischen, leuchtend roten Tomatensalat mit einigen Tropfen Olivenöl und einem Schuss Balsamico.

Putenpasta

FÜR
4 Personen

ZUBEREITUNG
10 Minuten

GARZEIT
20–25 Minuten

Nährwerte pro Portion	418 kcal, 8 g Fett, davon 1,5 g gesättigt, 7,5 g Zucker, 0,2 g Salz

Dieses köstliche und schnelle Gericht hat gute Chancen, das Familien-Lieblingsrezept zu werden!

ZUTATEN

2 EL Olivenöl
1 rote Zwiebel, gewürfelt
500 g Putenfleisch, sehr fein gehackt
1 Knoblauchzehe, zerdrückt
1 gelbe Paprika, gewürfelt
4 Eiertomaten, gewürfelt
150 ml Rotwein oder Hühnerbrühe
1 TL getrockneter Oregano
Salz und Pfeffer
200 g Penne
4–5 frisch gehackte Petersilie, zum Garnieren

1. Das Olivenöl in einem großen Topf auf hoher Stufe erhitzen, Zwiebel und Putenhackfleisch hineingeben und 3–4 Minuten unter Rühren anbräunen.

2. Knoblauch, Paprika, Tomaten, Wein und Oregano unterrühren. Mit Salz und Pfeffer würzen. Aufkochen und 2 Minuten stark kochen. Die Hitze reduzieren, den Topf abdecken und alles 20 Minuten köcheln lassen, dabei gelegentlich umrühren.

3. Unterdessen die Penne in einem Topf mit leicht gesalzenem Wasser 8–10 Minuten garen, bis sie al dente sind. Abgießen, abtropfen lassen und in die Sauce rühren.

4. Das Gericht auf vorgewärmte Schalen verteilen, mit der Petersilie garnieren und sofort servieren.

1

2

2

ZUR ABWECHSLUNG

Ersetzen Sie für eine vegetarische Variante das Puten- durch Sojahackfleisch und die Hühnerbrühe durch Wein oder Gemüsebrühe.

Putenburger

FÜR
4 Personen

ZUBEREITUNG
10 Minuten

GARZEIT
10–16 Minuten

Nährwerte pro Portion	493 kcal, 19 g Fett, davon 3,5 g gesättigt, 3 g Zucker, 1,5 g Salz

Mageres gehacktes Putenfleisch ist eine gute Wahl, wenn Sie sich fettarm und gesund ernähren möchten.

ZUTATEN

500 g Putenfleisch, sehr fein gehackt
1 kleine rote Zwiebel, fein gehackt
1 Knoblauchzehe, zerdrückt
1 EL fein gehackter frischer Rosmarin
Salz und Pfeffer
1 EL Sonnenblumenöl, zum Bestreichen

Zum Servieren

1 Little Gem, grob zerzupft
4 Sesam-Burgerbrötchen
2 kleine Gewürzgurken, in Scheiben geschnitten
4 EL Mayonnaise

1. Den Backofengrill auf mittlerer bis hoher Stufe vorheizen. Das Putenfleisch in eine große Schüssel geben. Zwiebel, Knoblauch und Rosmarin zugeben. Mit Salz und Pfeffer würzen und alles gründlich vermengen.

2. Die Mischung in vier Portionen teilen. Jede Portion zu einer Kugel formen und diese zu einem Burger flach drücken. Mit dem Öl bestreichen.

3. Die Burger 5–8 Minuten grillen. Einmal wenden und noch einmal 5–8 Minuten grillen, bis das Fleisch durchgegart ist.

4. Die Salatblätter auf die unteren Hälften der Burgerbrötchen verteilen. Die Burger darauflegen, dann die Gurkenscheiben und je 1 Esslöffel Mayonnaise darübergeben. Mit der oberen Brötchenhälfte bedecken und sofort servieren.

1

2

2

ZUM SERVIEREN

Frische Burger halten sich tiefgefroren etwa 1 Monat, ohne Knoblauch sogar 3 Monate.

Putenschnitzel mit Parmaschinken & Salbei

FÜR
2 Personen

ZUBEREITUNG
10 Minuten

GARZEIT
2–5 Minuten

Nährwerte pro Portion	412 kcal, 20 g Fett, davon 6,5 g gesättigt, 0,5 g Zucker, 0,9 g Salz

Dieses Rezept ist angelehnt an das klassische italienische Gericht Saltimbocca alla Romana, für das allerdings Kalbfleisch verwendet wird.

ZUTATEN

2 Putenschnitzel
Salz und Pfeffer
2 Scheiben Parmaschinken, halbiert
4 frische Salbeiblätter
2 EL Mehl
2 EL Olivenöl
1 EL Butter
Zitronenspalten, zum Servieren

1. Die Putenschnitzel jeweils waagerecht halbieren. Jedes Schnitzel zwischen zwei Lagen Frischhaltefolie geben und leicht mit einer Teigrolle plattieren. Mit Salz und Pfeffer bestreuen. Je eine halbe Scheibe Parmaschinken auf jedes Schnitzel legen, ein Salbeiblatt daraufgeben und mit einem kleinen Holzspieß feststecken.

2. Das Mehl in eine flache Schüssel geben und mit Salz und Pfeffer würzen. Die Schnitzel von beiden Seiten mit dem Mehl bestäuben.

3. Das Öl in einer großen Pfanne erhitzen. Die Butter zugeben und zerlassen, bis sie schäumt. Die Schnitzel, gegebenenfalls portionsweise, bei mittlerer Hitze 1½ Minuten mit der Salbeiseite nach unten braten. Wenden und etwa 30 Sekunden braten, bis die Schnitzel zart, aber gar sind (beim Einstechen sollte der austretende Fleischsaft klar sein).

4. Die Schnitzel auf vorgewärmte Teller geben und mit Zitronenspalten garniert servieren.

1

1

3

DAZU PASST *Neue Kartoffeln und ein Salat mit Rucola und Brunnenkresse.*

Putenpfanne mit Cranberryglasur

FÜR
4 Personen

ZUBEREITUNG
5 Minuten

GARZEIT
10–12 Minuten

Nährwerte pro Portion	250 kcal, 7 g Fett, davon 1 g gesättigt, 11 g Zucker, 2,2 g Salz

Wenn Sie fertig gegarte, vakuumverpackte Maronen verwenden, ist dieses Rezept in Windeseile zubereitet.

ZUTATEN

2 EL Sonnenblumenöl
450 g Putenbrustfilet, in Streifen geschnitten
15 g Ingwerpflaume, fein gehackt
50 g frische oder gefrorene Cranberrys
100 g gegarte Maronen (vakuumverpackt)
4 EL Cranberrysauce
3 EL helle Sojasauce
Salz und Pfeffer

1. Einen Wok oder eine große Pfanne auf hoher Stufe erhitzen. Das Öl zugeben und sehr heiß werden lassen. Die Putenstreifen hineingeben und 5 Minuten pfannenrühren, bis sie gebräunt sind.

2. Ingwer und Cranberrys zugeben und 2–3 Minuten pfannenrühren, bis die Cranberrys weich sind. Maronen, Cranberrysauce und Sojasauce einrühren, mit Salz und Pfeffer abschmecken und 2–3 Minuten köcheln lassen.

3. Die Putenpfanne auf vorgewärmte Servierschalen verteilen und sofort servieren.

1

2

2

Fisch & Meeresfrüchte

Kabeljaufrikadellen

FÜR
4 Personen

ZUBEREITUNG
10 Minuten

GARZEIT
17–22 Minuten

Nährwerte pro Portion	304 kcal, 15 g Fett, davon 4 g gesättigt, 2 g Zucker, 0,3 g Salz

So können Sie aus übrig gebliebenem Kartoffelbrei oder Kartoffelpüree aus der Packung etwas Leckeres zaubern.

ZUTATEN

450 g Kabeljaufilet ohne Haut
450 g Kartoffelpüree
4 Frühlingszwiebeln, fein gehackt
2 EL fein gehackte Petersilie
1 kleines Ei, verquirlt
Salz und Pfeffer
Mehl, zum Bestäuben
Sonnenblumenöl, zum Braten
grünes Gemüse und Zitronenspalten, zum Servieren

1. Das Kabeljaufilet in einen großen Topf geben und so viel kochendes Wasser hinzufügen, dass es vollständig bedeckt ist. Kurz aufkochen, dann die Hitze reduzieren, den Deckel aufsetzen und 4–5 Minuten köcheln, bis der Fisch leicht in Stücke zerfällt. Die Fischstücke gründlich abtropfen lassen.

2. Fisch, Kartoffelpüree, Zwiebeln, Petersilie und Ei in eine große Schüssel geben. Mit Salz und Pfeffer würzen und gut vermengen.

3. Aus der Masse acht Kugeln formen. Auf einer mit Mehl bestäubten Arbeitsfläche flach drücken und zu Frikadellen formen.

4. Öl in einer Pfanne auf hoher Stufe erhitzen, bis es sehr heiß ist. Jeweils vier Frikadellen 6–8 Minuten braten, bis sie goldbraun sind, dabei einmal wenden. Auf Küchenpapier abtropfen und warm halten.

5. Die Frikadellen auf vorgewärmte Teller legen, mit grünem Gemüse anrichten, mit Zitronenspalten garnieren und sofort servieren.

2

3

4

TIPP

Den Fisch nach dem Kochen in ein Sieb geben und kurz abtropfen lassen. So bekommen die Fischfrikadellen eine festere Konsistenz.

Fischstäbchen mit Chilimayonnaise

FÜR
4 Personen

ZUBEREITUNG
5 Minuten

GARZEIT
5 Minuten

Nährwerte pro Portion	574 kcal, 26 g Fett, davon 4 g gesättigt, 6 g Zucker, 0,9 g Salz

Matzemehl ist eine traditionelle jüdische Zutat. Es besteht aus ungesäuerten Matzen, die fein zerkrümelt werden.

ZUTATEN

200 g Mehl (Type 405)
Salz und Pfeffer
3 Eier, verquirlt
150 g Matzemehl
450 g festes Fischfilet, in Streifen geschnitten
Sonnenblumen- oder Erdnussöl, zum Braten

Chilimayonnaise

2 EL süße Chilisauce
4–5 EL Mayonnaise

1. Das Mehl in eine flache Schüssel geben. Mit Salz und Pfeffer würzen und gut vermengen. Die Eier in eine kleine Schüssel, das Matzemehl auf einen flachen Teller geben.

2. Die Fischstreifen zuerst in dem gewürzten Mehl wenden, dann in die Eimasse tauchen, dabei überschüssiges Ei zurück in die Schüssel tropfen lassen, und zuletzt im Matzemehl wenden.

3. Öl in einer großen Pfanne erhitzen und die Fischstäbchen portionsweise darin braten, bis sie durchgegart und goldbraun sind.

4. Chilisauce und Mayonnaise in eine Schale geben und gründlich verrühren.

5. Die Fischstäbchen auf vorgewärmten Tellern anrichten und sofort mit der Chilimayonnaise servieren.

1

3

4

ZUR ABWECHSLUNG

Zu den Fischstäbchen passt auch eine selbst gemachte Remoulade ganz hervorragend.

Wolfsbarsch mit würziger Sauce

FÜR
4 Personen

ZUBEREITUNG
5 Minuten

GARZEIT
6–10 Minuten

Nährwerte pro Portion	397 kcal, 13 g Fett, davon 2 g gesättigt, 30 g Zucker, 1,9 g Salz

Wolfsbarsch gehört zu den Fischen, die sehr einfach zuzubereiten sind. Dazu passt diese köstliche, würzige Sauce.

ZUTATEN

8 kleine Wolfsbarschfilets
2 EL Olivenöl
Salz und Pfeffer
frisch gehackter Schnittlauch, zum Garnieren
Kartoffelpüree, zum Servieren

Sauce

1 EL Olivenöl
2 Knoblauchzehen, zerdrückt
1 kleine, frische rote Chili, entkernt und fein gehackt
400 g gehackte Tomaten aus der Dose
1 EL Sojasauce
2 TL klarer Honig
Salz und Pfeffer

1. Für die Sauce das Öl in eine große Pfanne gießen, Knoblauch und Chili hinzufügen und erhitzen, bis sie brutzeln. Die Tomaten einrühren und zum Kochen bringen. Sojasauce und Honig zugeben, mit Salz und Pfeffer würzen. 2–3 Minuten köcheln lassen, dann die Hitze reduzieren. Warm stellen.

2. Die Fischfilets mit dem Öl bestreichen, nach Belieben mit Salz und Pfeffer würzen. Eine große Pfanne auf hoher Stufe erhitzen und die Filets darin 2–3 Minuten auf jeder Seite braten, bis sie gar sind.

3. Die Fischfilets auf vorgewärmten Tellern anrichten. Mit Schnittlauch garnieren und sofort mit Sauce und Kartoffelpüree servieren.

Wolfsbarsch in knusprigem Parmesanmantel

FÜR
4 Personen

ZUBEREITUNG
10 Minuten

GARZEIT
4 Minuten

Nährwerte pro Portion	303 kcal, 19 g Fett, davon 6,5 g gesättigt, 0,2 g Zucker, 0,7 g Salz

Dieses einfache, aber köstlich schmeckende Gericht lebt von der Qualität seiner Zutaten.

ZUTATEN

4 Wolfsbarschfilets (à 125 g), mit Haut, eventuelle Grätenreste entfernt

Saft und abgeriebene Schale von 1 Zitrone

1 EL Olivenöl, plus eventuell etwas mehr zum Einfetten

Salz und Pfeffer

100 g Parmesan, fein gerieben

1 kleines Bund frische Petersilie, fein gehackt

gemischte Salatblätter und Zitronenspalten, zum Garnieren

1. Den Backofengrill auf hoher Stufe vorheizen. Die Grillpfanne mit Alufolie auslegen oder mit etwas Öl einpinseln. Die Wolfsbarschfilets mit der Hautseite nach unten in die Pfanne legen. Mit Zitronensaft und etwas Olivenöl beträufeln, nach Geschmack mit Salz und Pfeffer würzen.

2. Zitronenschale, Parmesan und Petersilie in eine Schüssel geben und gut vermengen. Die Mischung gleichmäßig über die Filets streuen und das restliche Olivenöl darüberträufeln.

3. Den Fisch unter dem Grill etwa 4 Minuten braten, bis er goldbraun und gar ist.

4. Die Fischfilets auf vorgewärmten Tellern anrichten. Mit Salatblättern und Zitronenspalten garnieren und sofort servieren.

1

2

2

Wolfsbarsch mit Oliven-Gremolata

FÜR
4 Personen

ZUBEREITUNG
5 Minuten

GARZEIT
15–20 Minuten

Nährwerte pro Portion	460 kcal, 17 g Fett, davon 2,5 g gesättigt, 3 g Zucker, 0,2 g Salz

Die Aromen von Zitronen, Oliven und Kapern verleihen der Sauce eine pikante Note, die hervorragend zum Wolfsbarsch passt.

ZUTATEN

900 g kleine neue Kartoffeln
4 Wolfsbarschfilets (à 175 g)
1 EL Olivenöl
Salz und Pfeffer
4 EL trockener Weißwein
Zitronenspalten, zum Servieren

Oliven-Gremolata

abgeriebene Schale von 1 Zitrone
1 Knoblauchzehe, gehackt
2 große Handvoll frische glatte Petersilie (ca. 50 g)
2 EL Kapern
2 EL Olivenöl

1. Die Kartoffeln in einen Topf mit leicht gesalzenem Wasser 15–20 Minuten kochen, bis sie gar sind.

2. In der Zwischenzeit für die Gremolata Zitronenschale, Knoblauch, Petersilie, Kapern und Öl in einer Küchenmaschine oder im Mixer zu einer groben Paste verarbeiten.

3. Die Wolfsbarschfilets mit dem Öl beträufeln und nach Belieben mit Salz und Pfeffer würzen. Eine große, schwere Pfanne erhitzen und die Filets 5–6 Minuten braten, dabei einmal wenden.

4. Den Fisch aus der Pfanne nehmen und warm stellen. Den Wein in die Pfanne gießen und 1 Minute unter ständigem Rühren kochen. Dann vorsichtig die Gremolata einrühren.

5. Die Kartoffeln abgießen, abtropfen lassen und mit einem hölzernen Kochlöffel oder einem Kartoffelstampfer grob zerdrücken.

6. Die Fischfilets mit den Stampfkartoffeln auf vorgewärmten Tellern anrichten. Sofort mit Gremolata und Zitronenspalten servieren.

3

4

5

Seeteufel mit Zitronen-Petersilien-Kruste

FÜR
4 Personen

ZUBEREITUNG
5 Minuten

GARZEIT
7–8 Minuten

Nährwerte pro Portion	244 kcal, 12 g Fett, davon 1,5 g gesättigt, 0,5 g Zucker, 0,4 g Salz

Seeteufel ist das ganze Jahr über erhältlich. Dank seines festen Fleisches eignet er sich sehr gut für Gerichte mit kräftigen Aromen. Dabei ist er sehr anpassungsfähig, wie diese Kruste aus Zitrone und Petersilie zeigt.

ZUTATEN

4 EL Sonnenblumenöl

4 EL frische Semmelbrösel

4 EL frisch gehackte Petersilie, plus Petersilie zum Garnieren

abgeriebene Schale von 1 großen Zitrone

Salz und Pfeffer

4 Seeteufelfilets (à 150–175 g)

1. Den Backofen auf 180 °C vorheizen. Öl, Semmelbrösel, Petersilie und Zitronenschale in eine große Schüssel geben, mit Salz und Pfeffer würzen und gut vermengen.

2. Die Seeteufelfilets auf ein großes Backblech legen und die Semmelbröselmischung darübergeben. Mit dem Finger fest andrücken, damit die Filets vollständig bedeckt sind.

3. Die Fischfilets im vorgeheizten Ofen 7–8 Minuten backen, bis sie gar sind.

4. Die Fischfilets auf vorgewärmten Tellern anrichten. Mit Petersilie garnieren und sofort servieren.

1

2

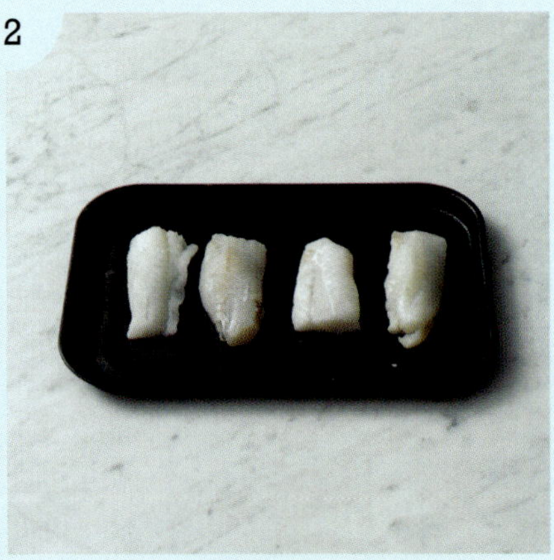

2

DAZU PASST
Servieren Sie den Seeteufel mit Kartoffelpüree und frischen Erbsen.

Ländlicher Meeresfrüchte-Fisch-Topf

FÜR
4 Personen

ZUBEREITUNG
10 Minuten

GARZEIT
10–12 Minuten

Nährwerte pro Portion	230 kcal, 8 g Fett, davon 1 g gesättigt, 6 g Zucker, 1,4 g Salz

Eine dampfende Schale dieses Eintopfs, serviert mit frischem Brot, ist nicht nur lecker, sondern auch gesund.

ZUTATEN

300 g frische Venusmuscheln, abgebürstet
2 EL Olivenöl
1 große Zwiebel, gehackt
2 Knoblauchzehen, zerdrückt
2 Selleriestangen, in Scheiben geschnitten
350 g festes weißes Fischfilet
250 g küchenfertige Tintenfischringe
400 ml Fischfond
6 Eiertomaten, gehackt
1 kleines Bund frischer Thymian
Salz und Pfeffer
knuspriges Brot, zum Servieren

1. Alle Muscheln, die eine beschädigte Schale haben oder sich bei Antippen mit einem Messer nicht schließen, wegwerfen.

2. Das Olivenöl in einer großen Pfanne auf mittlerer Stufe erhitzen. Zwiebel, Knoblauch und Sellerie zugeben und 3–4 Minuten unter gelegentlichem Rühren dünsten, bis das Gemüse weich, aber noch nicht gebräunt ist. In der Zwischenzeit den Fisch in Stücke schneiden.

3. Fisch und Tintenfischringe in die Pfanne geben und 2 Minuten leicht braten. Fischfond, Tomaten und Thymian einrühren und mit Salz und Pfeffer würzen. Abdecken und 3–4 Minuten köcheln lassen. Dann die Muscheln hinzufügen, wieder abdecken und auf hoher Stufe 2 Minuten kochen, bis sich die Muscheln öffnen. Muscheln, die sich nicht geöffnet haben, aussortieren und wegwerfen.

4. Den Eintopf in vorgewärmten Schalen anrichten und sofort mit knusprigem Brot servieren.

2

3

3

Überbackene Fischpfanne mit Garnelen & Pilzen

FÜR
4 Personen

ZUBEREITUNG
5 Minuten

GARZEIT
12–15 Minuten

Nährwerte pro Portion	522 kcal, 24 g Fett, davon 13 g gesättigt, 3 g Zucker, 1,7 g Salz

Dieses Fischgericht ist schnell und einfach zubereitet – und es schmeckt wirklich jedem.

ZUTATEN

1 EL Olivenöl
2 Schalotten, fein gehackt
150 ml trockener Weißwein oder Fischfond
1 Lorbeerblatt
200 g Champignons, in dicke Scheiben geschnitten
100 g Crème fraîche
500 g festes weißes Fischfilet, in Stücke geschnitten
Salz und Pfeffer
175 g gekochte und ausgelöste Garnelen
175 g Erbsen, Tiefkühlware aufgetaut
40 g Butter, zerlassen
150 g frische Semmelbrösel
frisch gehackte Petersilie, zum Garnieren

1. Das Öl in einer ofenfesten Pfanne oder einer flachen, ofenfesten Kasserolle erhitzen. Die Schalotten hineingeben, 2–3 Minuten glasig dünsten, dabei gelegentlich umrühren. Wein, Lorbeerblatt und Pilze zufügen und 2 Minuten köcheln lassen, dabei gelegentlich umrühren.

2. Die Crème fraîche einrühren und den Fisch hinzugeben. Mit Salz und Pfeffer würzen. Aufkochen, abdecken und 5–6 Minuten köcheln lassen, bis der Fisch fast gar ist.

3. Das Lorbeerblatt herausnehmen, Garnelen und Erbsen hineingeben und nochmals aufkochen.

4. In der Zwischenzeit die Butter in einem kleinen Topf zerlassen und die Semmelbrösel hineinrühren. Den Backofengrill auf mittlerer Stufe vorheizen. Die Semmelbröselmischung über die Fischpfanne streuen.

5. Die Fischpfanne auf mittlerer Schiene unter den Backofengrill stellen und 3–4 Minuten überbacken, bis das Gericht brodelt und die Oberfläche goldbraun ist.

6. Das Fischgericht auf vorgewärmten Tellern anrichten, mit Petersilie garnieren und sofort servieren.

2

4

5

Lachssteaks mit Nudeln

FÜR
4 Personen

ZUBEREITUNG
5 Minuten

GARZEIT
6–8 Minuten

Nährwerte pro Portion	578 kcal, 28 g Fett, davon 2 g gesättigt, 2 g Zucker, 1,8 g Salz

Dieses Lachsgericht bringt dank seines feinen Aromas aus Ingwer und Sesam einen Hauch Orient ins Haus.

ZUTATEN

2 EL helle Sojasauce
1 EL fein geriebene Ingwerwurzel
4 Lachsfilets
Sonnenblumenöl, zum Bestreichen
250 g asiatische Eiernudeln
Salz
2 TL Sesamöl
1 EL geröstete Sesamsaat
leicht angebratener Pak Choi und Karottenstreifen, zum Garnieren

1. Eine Grillpfanne auf hoher Stufe erhitzen. Sojasauce und Ingwer in eine große Schüssel geben und vermengen. Die Lachsfilets in der Marinade wenden.

2. Die Pfanne mit Öl bepinseln, die Filets hineingeben und 6–8 Minuten braten, bis sie gar sind, dabei einmal wenden.

3. In der Zwischenzeit die Nudeln in einem Topf mit leicht gesalzenem Wasser 4 Minuten oder nach Packungsangabe garen. Abgießen und gut abtropfen lassen, dann das Sesamöl unterheben.

4. Lachssteaks und Nudeln auf vorgewärmten Tellern anrichten. Mit dem Sesam bestreuen und zusammen mit Pak Choi und Karottenstreifen sofort servieren.

1

1

3

Lachssalat mit Linsen

FÜR
4 Personen

ZUBEREITUNG
5 Minuten

GARZEIT
4–6 Minuten

Nährwerte pro Portion	350 kcal, 21 g Fett, davon 3 g gesättigt, 2 g Zucker, 1,4 g Salz

Einfach und schnell zubereitet, eignet sich frischer Lachs hervorragend für leichte Sommergerichte.

ZUTATEN

450 g Lachsfilet ohne Haut
1 Lorbeerblatt
600 ml Fischfond
400 g Linsen aus der Dose, abgespült und abgetropft
4 Frühlingszwiebeln, in dünne Ringe geschnitten
2 EL frisch gehackte Petersilie
3 EL natives Olivenöl extra
Saft von 1 Zitrone
Salz und Pfeffer
1 Handvoll Rucola

1. Lachs und Lorbeerblatt in eine große Pfanne geben, mit dem Fischfond übergießen und kurz aufkochen. Die Hitze reduzieren, die Pfanne abdecken und den Fisch je nach Filetstärke 4–6 Minuten köcheln lassen, bis er leicht zerfällt. Herausheben und gut abtropfen lassen.

2. Linsen, Frühlingszwiebeln und Petersilie in eine große Schüssel geben und gut vermengen. Öl und Zitronensaft in eine Schale geben, nach Belieben mit Salz und Pfeffer würzen und gut durchmischen. Die Hälfte der Ölmischung unter die Linsen rühren.

3. Den Rucola auf Serviertellern anrichten. Die Linsenmischung darauf verteilen. Den Lachs in kleinen Stücken auf den Salat geben, mit der restlichen Ölmischung beträufeln und sofort servieren.

1

2

2

DAZU PASST

Die perfekte Ergänzung sind junge Kartoffeln, die mit einem Zweig Minze gekocht und in Butter geschwenkt werden.

Tagliatelle mit Räucherlachs

FÜR
4 Personen

ZUBEREITUNG
5 Minuten

GARZEIT
8–10 Minuten

Nährwerte pro Portion	410 kcal, 10 g Fett, davon 1,5 g gesättigt, 2 g Zucker, 1 g Salz

Fügen Sie geräucherten Lachs zu einem einfachen Nudelgericht hinzu – und schon haben Sie etwas Außergewöhnliches.

ZUTATEN

350 g Tagliatelle
2 EL Olivenöl
1 Knoblauchzehe, fein gehackt
120 g geräucherter Lachs, in dünne Streifen geschnitten
50 g Rucola
Salz und Pfeffer

1. Die Tagliatelle in einem großen Topf mit leicht gesalzenem Wasser 8–10 Minuten kochen, bis sie al dente sind.

2. In der Zwischenzeit das Öl in einer großen Pfanne auf niedriger Stufe erhitzen. Den Knoblauch hineingeben und unter ständigem Rühren 1 Minute dünsten.

3. Lachs und Rucola in die Pfanne geben. Nach Belieben mit Pfeffer würzen und unter ständigem Rühren 1 Minute garen. Dann die Pfanne vom Herd nehmen.

4. Die Tagliatelle abgießen, abtropfen lassen und zurück in den Topf geben. Lachs und Rucola aus der Pfanne zugeben und untermischen. Auf vorgewärmten Tellern anrichten und sofort servieren.

1

2

3

TIPP

Mit bereits in Scheiben geschnittenem Räucherlachs aus dem Supermarkt lässt sich das Gericht noch schneller zubereiten.

Farfalle mit Lachs & Gemüse

FÜR
2 Personen

ZUBEREITUNG
5 Minuten

GARZEIT
15–20 Minuten

Nährwerte pro Portion	774 kcal, 44 g Fett, davon 17 g gesättigt, 6 g Zucker, 0,3 g Salz

Farfalle werden auch Schleifchennudeln genannt, obwohl das italienische Wort eigentlich „Schmetterling" bedeutet.

ZUTATEN

abgeriebene Schale von 1 Zitrone sowie 1 EL Zitronensaft

1 EL Olivenöl, plus etwas mehr zum Bestreichen

200 g grüner Spargel

1 große Zucchini, schräg in dünne Scheiben geschnitten

Salz und Pfeffer

200 g Lachsfilet

150 g Farfalle

100 g Crème fraîche

50 g Babyspinat

1. Eine Grillpfanne auf hoher Stufe erhitzen.

2. Zitronensaft und Öl in einer großen Schüssel verrühren. Spargel und Zucchini darin wenden, mit Salz und Pfeffer würzen. Das Gemüse nach und nach in der Pfanne von jeder Seite 2–3 Minuten braten, bis es gar ist. Herausnehmen und warm stellen.

3. Die Pfanne mit Öl bestreichen. Den Lachs darin 6–8 Minuten braten, bis er fest und gar ist, dabei einmal wenden. Aus der Pfanne nehmen, in mundgerechte Stücke zerteilen und warm stellen.

4. In der Zwischenzeit die Farfalle in einem großen Topf mit leicht gesalzenem Wasser 8–10 Minuten kochen, bis sie al dente sind. Abtropfen lassen und warm stellen.

5. Im selben Topf Crème fraîche und Zitronenschale unter Rühren erhitzen. Zunächst den Spinat, dann Nudeln, gegrilltes Gemüse und Lachs dazugeben. Mit Salz und Pfeffer abschmecken und alles gut vermengen.

6. Das Gericht auf vorgewärmte Teller geben und sofort servieren.

2

2

5

Würzige Thunfischfrikadellen

FÜR
4 Personen

ZUBEREITUNG
5 Minuten

GARZEIT
6–8 Minuten

Nährwerte pro Portion	306 kcal, 18 g Fett, davon 3,5 g gesättigt, 1 g Zucker, 0,7 g Salz

Currypaste ist eine hervorragende Ergänzung zu Thunfisch. Ihre Familie oder Freunde werden diese Fischfrikadellen lieben!

ZUTATEN

200 g Thunfisch in Öl aus der Dose, abgetropft

200 g Kartoffelpüree

2–3 EL Currypaste

1 Frühlingszwiebel, fein gehackt

1 Ei, verquirlt

Salz und Pfeffer

4 EL Mehl, plus etwas mehr zum Bestäuben

Sonnenblumen- oder Erdnussöl, zum Braten

Rucola und Zitronenspalten, zum Servieren

1. Den Thunfisch in eine große Schüssel geben. Kartoffelpüree, Currypaste, Frühlingszwiebel und Ei hinzufügen. Mit Salz und Pfeffer würzen und gut vermengen.

2. Aus der Mischung vier Kugeln rollen. Auf einer mit Mehl bestäubten Arbeitsfläche flach drücken und Frikadellen formen. Das Mehl mit Salz und Pfeffer würzen und die Frikadellen darin wenden, bis sie gut überzogen sind.

3. Das Öl in einer großen Pfanne erhitzen und die Thunfischfrikadellen darin auf jeder Seite 3–4 Minuten braten, bis sie knusprig und goldbraun sind.

4. Die Frikadellen auf vorgewärmten Tellern anrichten und sofort mit Rucola und Zitronenspalten servieren.

1

1

2

DAZU PASST

Servieren Sie dazu gekochten Reis und indisches Chutney oder Raita. Sie können die Frikadellen auch mit Salat und Mayonnaise in warme Pita-Brote geben.

Pasta mit Thunfisch & Oliven

FÜR
4 Personen

ZUBEREITUNG
15 Minuten

GARZEIT
8–10 Minuten

Nährwerte pro Portion	584 kcal , 26 g Fett, davon 10 g gesättigt, 2 g Zucker, 0,8 g Salz

Wenn Sie den intensiven Geschmack von Oliven und Kapern mögen, ist dieses Pastagericht genau das Richtige für Sie.

ZUTATEN

350 g Conchiglie
Salz
4 EL Olivenöl
4 EL Butter
3 große Knoblauchzehen, in dünne Scheiben geschnitten
200 g Thunfisch aus der Dose, abgetropft und in Stücke zerteilt
2 EL Zitronensaft
1 EL abgetropfte Kapern
10–12 schwarze Oliven, entsteint und fein gehackt
2 EL frisch gehackte glatte Petersilie

1. Die Conchiglie in einem großen Topf mit leicht gesalzenem Wasser 8–10 Minuten kochen, bis sie al dente sind.

2. In der Zwischenzeit das Öl und die Hälfte der Butter in einer großen Pfanne auf mittlerer Stufe erhitzen. Den Knoblauch darin kurz dünsten.

3. Die Temperatur auf niedrige Stufe stellen. Den Thunfisch mit zwei Gabeln in kleinere Stücke zerteilen und diese zusammen mit Zitronensaft, Kapern und Oliven in die Pfanne geben. Unter behutsamem Umrühren garen, bis alle Zutaten heiß sind.

4. Die Conchiglie abgießen, Thunfisch-Oliven-Mischung, Petersilie und restliche Butter zufügen und alles gut durchmischen. Auf vorgewärmten Tellern anrichten und sofort servieren.

3

3

3

Gegrillte Thunfischsteaks mit Zitronen, Kapern & Thymian

FÜR
4 Personen

ZUBEREITUNG
5 Minuten

GARZEIT
5–8 Minuten

Nährwerte pro Portion	339 kcal, 19 g Fett, davon 4 g gesättigt, 0 g Zucker, 1 g Salz

Für dieses Rezept benötigen Sie eine Grillpfanne mit gerillter Bratfläche, damit der Thunfisch fest und saftig bleibt. Außerdem bekommen die Steaks auf diese Weise ihre attraktiven Streifen.

ZUTATEN

4 Thunfischsteaks (à 175 g)
4 EL Olivenöl
Salz und Pfeffer
fein abgeriebene Schale und Saft von 1 Zitrone
3 EL abgespülte eingelegte Kapern
2 EL frisch gehackter Thymian
Zitronenspalten, zum Servieren

1. Die Thunfischsteaks mit 1 Esslöffel Öl bestreichen und nach Belieben mit Salz und Pfeffer würzen.

2. Das restliche Öl zusammen mit Zitronenschale, Zitronensaft, Kapern und Thymian bei geringer Hitze in einen kleinen Topf geben.

3. Ein Pfanne mit gerillter Fläche erhitzen. Darin die Thunfischsteaks, falls nötig portionsweise, 2–3 Minuten auf jeder Seite anbraten.

4. Die Zitronen-Kapern-Mischung aufkochen und mit einem Löffel über dem Thunfisch verteilen.

5. Die Steaks auf vorgewärmten Tellern anrichten und sofort mit den Zitronenspalten servieren.

1

2

4

DAZU PASST

Gekochte neue Kartoffeln und gedünsteter Brokkoli mit einem Joghurtdressing sind eine köstliche und zugleich gesunde Ergänzung.

Thunfisch-Nudel-Auflauf

FÜR
4 Personen

ZUBEREITUNG
10 Minuten

GARZEIT
23–25 Minuten

Nährwerte pro Portion	731 kcal, 39 g Fett, davon 20 g gesättigt, 3,5 g Zucker, 1,7 g Salz

Ein leichtes Gericht, das sich perfekt als schnelles Mittagessen eignet. Die Sahne können Sie auch durch Milch ersetzen.

ZUTATEN

250 g kurze Makkaroni
375 g Thunfisch in Öl aus der Dose, abgetropft und in Stücke zerteilt
1 kleine rote Zwiebel, gerieben
2 EL frisch gehackte Petersilie
200 g mittelalter Gouda, gerieben
1 großes Ei, vorquirlt
225 g saure Sahne
¼ TL frisch geriebene Muskatnuss
Salz und Pfeffer
gemischte Salatblätter, zum Servieren

1. Den Backofen auf 220 °C vorheizen. Ein Backblech auf die mittlere Schiene platzieren. Die Makkaroni in leicht gesalzenem Wasser 8–10 Minuten oder nach Packungsanleitung kochen, bis sie al dente sind. Abgießen und abtropfen lassen.

2. Die Makkaroni zusammen mit Thunfisch, Zwiebel, Petersilie und der Hälfte des Käses in eine große Schüssel geben und gut vermengen. Dann in eine Auflaufform (2 l Inhalt) füllen.

3. Ei, saure Sahne und Muskatnuss in eine Schüssel geben, mit Salz und Pfeffer würzen und gut verrühren. Die Mischung über die Makkaroni gießen, dann den restlichen Käse darüberstreuen.

4. Den Auflauf auf das Backblech in den vorgeheizten Ofen stellen und 15 Minuten backen, bis er brodelt und die Oberfläche goldbraun ist.

5. Den Auflauf auf vorgewärmten Tellern anrichten und sofort mit einem gemischten Salat servieren.

1

2

3

ZUR ABWECHSLUNG

Sie können das Gericht aufwerten, indem Sie den Thunfisch durch Lachs aus der Dose ersetzen.

Schnelle Paella

FÜR 4 Personen | ZUBEREITUNG 5 Minuten | GARZEIT 20 Minuten

Nährwerte pro Portion	385 kcal, 12 g Fett, davon 3,5 g gesättigt, 5 g Zucker, 2,8 g Salz

Paella beansprucht eigentlich viel Zeit, aber diese schnelle Variante ist in weniger als 30 Minuten fertig.

ZUTATEN

2 EL Olivenöl
1 Zwiebel, in dünnen Ringen
1 rote Paprika, in Streifen
100 g Chorizo, in Scheiben
200 g Langkornreis
850 ml Fischfond
1 Prise Safranfäden
150 g Erbsen, Tiefkühlware aufgetaut
200 g gekochte und ausgelöste Riesengarnelen
Salz und Pfeffer
frisch gehackte glatte Petersilie, zum Garnieren
knuspriges Brot, zum Servieren

1. Das Öl in der Pfanne auf mittlerer Stufe erhitzen. Zwiebel und Paprika hineingeben und 2 Minuten unter ständigem Rühren garen. Chorizo und Reis hinzufügen und 1 weitere Minute garen.

2. Fischfond und Safran einrühren und aufkochen. Die Hitze reduzieren, die Pfanne abdecken und alles 10 Minuten köcheln lassen, bis der Reis fast weich ist. Gelegentlich umrühren.

3. Erbsen und Riesengarnelen in die Pfanne geben und mit Salz und Pfeffer würzen. Abdecken und weitere 4–5 Minuten köcheln, bis der Reis gar ist.

4. Die Paella auf vorgewärmten Tellern anrichten, mit Petersilie garnieren und sofort mit knusprigem Brot servieren.

1

1

2

TIPP

Den Fischfond können Sie durch Geflügel- oder Gemüsebrühe ersetzen. Brühwürfel oder gekörnte Brühe eignen sich ebenfalls.

Thailändischer Meeresfrüchte-Fisch-Topf

FÜR
4 Personen

ZUBEREITUNG
10 Minuten

GARZEIT
10–12 Minuten

Nährwerte pro Portion	623 kcal, 28 g Fett, davon 19 g gesättigt, 1 g Zucker, 1,4 g Salz

Die Zutatenliste für diesen Eintopf ist ziemlich lang, aber wenn Sie alles vorbereitet haben, geht das Kochen ganz fix – und Sie werden sehen, es lohnt sich!

ZUTATEN

200 g Basmatireis
Salz
200 g küchenfertiger Tintenfisch, ohne Tentakel
500 g festes weißes Fischfilet, vorzugsweise Seeteufel oder Heilbutt
1 EL Maiskeimöl
4 Schalotten, fein gehackt
2 Knoblauchzehen, fein gehackt
2 EL thailändische grüne Currypaste
2 kleine Stängel Zitronengras, fein gehackt
1 TL Garnelenpaste
500 ml Kokosmilch
200 g rohe Riesengarnelen, ausgelöst und Darmfäden entfernt
12 frische Venusmuscheln, abgebürstet
8 fein gehackte frische Basilikumblätter, plus einige Blätter zum Garnieren

1. Reis in einem Topf mit leicht gesalzenem Wasser 10–12 Minuten kochen, bis er gar ist. Abtropfen lassen.

2. In der Zwischenzeit mit einem scharfen Messer den Tintenfisch in Ringe und den Fisch in mundgerechte Stücke schneiden.

3. Einen Wok oder eine große Pfanne auf hoher Stufe erhitzen. Das Öl hineingießen und erhitzen, bis es sehr heiß ist. Schalotten, Knoblauch und Currypaste zufügen und unter Rühren 1–2 Minuten anbraten.

4. Zitronengras und Garnelenpaste zugeben, dann die Kokosmilch einrühren und kurz aufkochen.

5. Die Hitze reduzieren, bis die Flüssigkeit köchelt, dann Tintenfisch, Fischstücke und Garnelen zugeben und 2 Minuten auf kleiner Stufe kochen.

6. Alle Muscheln, die eine beschädigte Schale haben oder sich bei Antippen mit einem Messer nicht schließen, wegwerfen. Die anderen in die Pfanne geben, einrühren und 1–2 Minuten mitkochen, bis sich die Schalen geöffnet haben. Alle Muscheln, die sich nicht geöffnet haben, aussortieren und wegwerfen. Das gehackte Basilikum über den Eintopf streuen.

7. Den Eintopf in vorgewärmten Schüsseln anrichten, mit Basilikumblättern garnieren und sofort mit dem Reis servieren.

2

4

6

Meeresfrüchte-Risotto

FÜR 4 Personen | ZUBEREITUNG 10 Minuten | GARZEIT 25–30 Minuten

Nährwerte pro Portion	688 kcal, 19 g Fett, davon 8 g gesättigt, 1,5 g Zucker, 1,8 g Salz

Mit diesem Risotto wird es Ihnen spielend gelingen, Ihre Gäste zu beeindrucken.

ZUTATEN

150 ml trockener Weißwein
4 küchenfertige Babytintenfische, in Ringe geschnitten
250 g rohe Garnelen, ausgelöst und Darmfäden entfernt
250 g frische Miesmuscheln, abgebürstet und Bärte entfernt
2 EL Olivenöl
50 g Butter
1 Zwiebel, fein gehackt
2 Knoblauchzehen, fein gehackt
2 Lorbeerblätter
350 g Risottoreis
1,5 l heißer Fischfond
Salz und Pfeffer
frisch gehackte glatte Petersilie, zum Garnieren

1. Den Wein in einen großen Kochtopf gießen und auf mittlerer Stufe erhitzen. Tintenfisch und Garnelen zugeben, abdecken und 2 Minuten köcheln lassen. Die Meeresfrüchte mit einem Schaumlöffel herausnehmen und beiseitestellen.

2. Alle Muscheln, die eine beschädigte Schale haben oder sich bei Antippen mit einem Messer nicht schließen, wegwerfen. Die anderen in den Topf geben und 2–3 Minuten kochen, bis sich die Schalen geöffnet haben. Alle Muscheln, die sich nicht geöffnet haben, aussortieren und wegwerfen. Die übrigen Muscheln abgießen und aus ihren Schalen lösen, sowohl Koch- als auch Muschelflüssigkeit dabei auffangen.

3. Öl und Butter in einem großen Topf auf mittlerer Stufe erhitzen. Die Zwiebel hineingeben und unter ständigem Rühren 3–4 Minuten glasig dünsten.

4. Knoblauch, Lorbeerblätter und Reis zugeben, in der Butter-Öl-Mischung schwenken und unter ständigem Rühren 2–3 Minuten dünsten, bis die Reiskörner glasig sind.

5. Zunächst aufgefangene Koch- und Muschelflüssigkeit, dann den heißen Fischfond nach und nach schöpflöffelweise hinzufügen. Etwa 15 Minuten unter ständigem Rühren kochen, bis die Flüssigkeit vollständig aufgesogen und der Reis cremig ist.

6. Alle Meeresfrüchte hineingeben, abdecken und weitere 2 Minuten kochen. Die Lorbeerblätter entfernen. Mit Salz und Pfeffer würzen.

7. Den Risotto auf vorgewärmten Tellern anrichten, mit Petersilie garnieren und sofort servieren.

1

4

6

Pasta mit Meeresfrüchten

FÜR 4 Personen | ZUBEREITUNG 10 Minuten | GARZEIT 8–10 Minuten

Nährwerte pro Portion	795 kcal, 41 g Fett, davon 20 g gesättigt, 3 g Zucker, 1,3 g Salz

Dies ist ein üppiges Gericht, das sich für ein zwangloses Abendessen ebenso eignet wie für eine Familienfeier.

ZUTATEN

300 g Conchiglie
25 g Butter
3 Schalotten, fein gehackt
150 ml trockener Weißwein
350 g Lachsfilet ohne Haut, in mundgerechte Stücke geschnitten
175 g Schlagsahne extra
2 EL frisch gehackter Dill, plus etwas mehr zum Garnieren
200 g gekochte und ausgelöste Garnelen
200 g gekochte und ausgelöste Miesmuscheln
Salz und Pfeffer

1. Die Pasta in einem Topf mit leicht gesalzenem Wasser 8–10 Minuten kochen, bis sie al dente ist.

2. In der Zwischenzeit die Butter in einer großen Pfanne auf mittlerer Stufe zerlassen und die Schalotten darin 2–3 Minuten glasig dünsten.

3. Wein und Lachs zugeben, kurz aufkochen, dann die Hitze reduzieren und die Pfanne abdecken. 5–6 Minuten köcheln lassen, bis der Fisch gar ist und leicht in Stücke zerfällt. Den Lachs herausnehmen und warm stellen.

4. Sahne und Dill einrühren, dann Lachs, Garnelen und Muscheln zugeben. Unter behutsamem Rühren gar kochen, mit Salz und Pfeffer abschmecken. Die Conchiglie abtropfen lassen, zu den Meeresfrüchten geben und untermischen.

5. Das Pastagericht auf vorgewärmte Tellern geben, mit Dill garnieren und sofort servieren.

2

3

4

SERVIEREN

Lachs, Garnelen und Muscheln können Sie durch tiefgefrorene Meeresfrüchte ersetzen. Vorher auftauen, dann langsam in der Sauce erwärmen.

Tintenfischsalat

FÜR
6 Personen

ZUBEREITUNG
10–15 Minuten

GARZEIT
15–20 Minuten

Nährwerte pro Portion	170 kcal, 6 g Fett, davon 1 g gesättigt, 1 g Zucker, 0,4 g Salz

In vielen Mittelmeerländern wird Tintenfisch als Kalamari bezeichnet. Es gibt ihn frisch an der Fischtheke oder tiefgefroren in der Kühltruhe.

ZUTATEN

2 EL Olivenöl

4 Frühlingszwiebeln, fein gehackt

2 Knoblauchzehen, fein gehackt

500 g küchenfertige Tintenfischtuben, in dicke Ringe geschnitten

100 ml trockener Weißwein

225 g frische oder gefrorene sehr junge dicke Bohnen

250 g rohe Riesengarnelen, ausgelöst und Darmfäden entfernt

4 EL frisch gehackte glatte Petersilie

Salz und Pfeffer

knuspriges Brot, zum Servieren

1. Das Öl in einer Pfanne auf mittlerer Stufe erhitzen. Die Frühlingszwiebeln darin 4–5 Minuten unter gelegentlichem Rühren glasig dünsten.

2. Den Knoblauch zugeben und unter ständigem Rühren 30 Sekunden mitgaren. Die Tintenfischringe hinzufügen und auf hoher Stufe 2 Minuten braten, bis die Ringe goldbraun sind. Gelegentlich umrühren.

3. Den Wein einrühren und aufkochen. Die Bohnen in die Pfanne geben, die Hitze reduzieren, die Pfanne abdecken und alles 5–8 Minuten (bei frischen Bohnen) oder 4–5 Minuten (bei gefrorenen Bohnen) köcheln lassen, bis die Bohnen weich sind.

4. Die Garnelen zugeben, die Pfanne abdecken und alles 2–3 Minuten köcheln lassen, bis sich die Garnelen rosa färben und einrollen. Die Petersilie einrühren und mit Salz und Pfeffer abschmecken. Auf vorgewärmten Tellern anrichten und sofort mit knusprigem Brot servieren.

1

2

4

GUT VORBEREITET
Bereiten Sie die benö-
tigten Zutaten früh am
Tag vor, um Zeit bei
der eigentlichen Zu-
bereitung zu sparen.

Thailändische Garnelennudeln

FÜR
4 Personen

ZUBEREITUNG
10 Minuten

GARZEIT
5–7 Minuten

Nährwerte pro Portion	506 kcal, 21 g Fett, davon 10 g gesättigt, 5 g Zucker, 2 g Salz

Dieser würzige Garnelentopf liefert eine Kostprobe vieler verschiedener Geschmacksrichtungen, die man mit Thailand verbindet.

ZUTATEN

1 Bund Frühlingszwiebeln
2 Selleriestangen
1 rote Paprika
200 g Reis-Vermicelli
2 EL Erdnussöl
50 g ungesalzene Erdnüsse
1 frische Vogelaugenchili, in feine Scheiben geschnitten
1 Stängel Zitronengras, zerdrückt
400 ml Fisch- oder Geflügelfond
200 ml Kokosmilch
2 TL thailändische Fischsauce
350 g gekochte und ausgelöste Riesengarnelen
Salz und Pfeffer
3 EL frisch gehackter Koriander, zum Garnieren

1. Frühlingszwiebeln und Selleriestangen putzen und in dünne Scheiben schneiden. Die Samen der Paprika entfernen und die Frucht in dünne Streifen schneiden.

2. Die Vermicelli in einen Topf geben, mit kochendem Wasser übergießen und 4 Minuten ruhen lassen, bis sie weich sind. Abgießen und abtropfen.

3. Währenddessen einen Wok oder eine große Pfanne auf hoher Stufe erhitzen. Das Erdnussöl hineingießen und sehr heiß werden lassen. Die Erdnüsse darin 1–2 Minuten unter ständigem Rühren rösten, bis sie goldbraun sind. Dann mit einem Schaumlöffel herausnehmen.

4. Das geschnittene Gemüse zugeben und 2–3 Minuten unter ständigem Rühren anbraten. Dann Chili, Zitronengras, Fond, Kokosmilch und Fischsauce hinzufügen und aufkochen.

5. Die Garnelen zugeben und alles unter Rühren aufkochen. Mit Salz und Pfeffer abschmecken, die Vermicelli hineingeben und unterrühren.

6. Die Garnelennudeln auf vorgewärmten Tellern anrichten. Mit dem Koriander garnieren und sofort servieren.

1

3

5

Spaghetti mit Garnelen & Knoblauch

FÜR
4 Personen

ZUBEREITUNG
15 Minuten

GARZEIT
20 Minuten

Nährwerte pro Portion	793 kcal, 37 g Fett, davon 18 g gesättigt, 6 g Zucker, 0,7 g Salz

Knoblauchgarnelen in einer würzigen Tomatensauce verwandeln die Spaghetti in ein köstliches Gericht fürs Wochenende.

ZUTATEN

3 EL Olivenöl
3 EL Butter
4 Knoblauchzehen, fein gehackt
2 EL fein gehackte rote Paprika
2 EL Tomatenmark
125 ml trockener Weißwein
450 g Spaghetti
350 g rohe Riesengarnelen, ausgelöst und Darmfäden entfernt
125 g Schlagsahne extra
Salz und Pfeffer
3 EL frisch gehackte glatte Petersilie, zum Garnieren

1. Öl und Butter in einer Pfanne auf niedriger bis mittlerer Stufe erhitzen. Knoblauch und Paprika zugeben und einige Sekunden anbraten, bis der Knoblauch Farbe annimmt. Tomatenmark und Wein einrühren. 10 Minuten unter ständigem Rühren kochen.

2. Die Spaghetti in einem großen Topf mit leicht gesalzenem Wasser 8–10 Minuten kochen, bis sie al dente sind.

3. In der Zwischenzeit die Garnelen in die Tomatensauce geben, die Hitze auf mittlere bis hohe Stufe erhöhen und alles unter ständigem Rühren 2 Minuten kochen, bis die Garnelen rosa werden. Die Hitze reduzieren und die Sahne einrühren. 1 Minute unter ständigem Rühren kochen, bis die Sauce eindickt. Mit Salz und Pfeffer abschmecken. Die Spaghetti abtropfen lassen, zur Sauce geben und untermischen.

4. Die Spaghetti mit der Sauce auf vorgewärmten Tellern anrichten. Mit der Petersilie garnieren und sofort servieren.

1

3

3

GUT VORBEREITET

Sie können Zeit sparen, indem Sie die Sauce vorher zubereiten und dann nur noch aufwärmen.

Tagliatelle mit Muscheln in Weinsauce

FÜR
4 Personen

ZUBEREITUNG
15 Minuten

GARZEIT
10–15 Minuten

Nährwerte pro Portion	747 kcal, 18 g Fett, davon 9 g gesättigt, 5 g Zucker, 1,5 g Salz

Frische Muscheln zuzubereiten, erfordert Zeit. Halten Sie deshalb im Supermarkt nach vakuumverpackten Muscheln Ausschau, die Ihnen viel Arbeit abnehmen.

ZUTATEN

2 kg frische Miesmuscheln, abgebürstet und Bärte entfernt
1 große Zwiebel, gehackt
3 Knoblauchzehen, fein gehackt
500 ml trockener Weißwein
1 Lorbeerblatt
2 frische Thymianzweige
5 EL frisch gehackte glatte Petersilie
1 EL frisch gehackter Rosmarin
4 EL Butter
Salz und Pfeffer
450 g Tagliatelle oder andere Bandnudeln

1. Die Muscheln gut spülen und alle Exemplare, die eine beschädigte Schale haben oder sich bei Antippen mit einem Messer nicht schließen, wegwerfen.

2. Zwiebel, Knoblauch, Weißwein, Kräuter und 2 Esslöffel Butter in einen Topf geben, zum Kochen bringen, dann die Hitze reduzieren. Die Muscheln hinzufügen und nach Belieben mit Salz und Pfeffer würzen. Den Topf abdecken und alles bei mittlerer Hitze 3–4 Minuten kochen, dabei den Topf ab und zu rütteln, bis sich die Muscheln öffnen. Vom Herd nehmen und Muscheln mit einem Schaumlöffel herausnehmen; die Kochflüssigkeit aufheben. Alle Exemplare, die sich nicht geöffnet haben, aussortieren und wegwerfen. Die verbliebenen Muscheln auslösen, dabei zum Garnieren einige mit Schale belassen. Das Lorbeerblatt aus dem Kochsud entfernen.

3. Währenddessen die Tagliatelle in einem Topf mit leicht gesalzenem Wasser 8–10 Minuten kochen, bis sie al dente sind. Die Nudeln abtropfen lassen und in vorgewärmten Schalen anrichten. Die ausgelösten Muscheln darübergeben. Das Muschelkochwasser durch ein Haarsieb abseihen und wieder in den Topf geben. Die restliche Butter zugeben und erhitzen, bis sie zerlassen ist. Die Brühe über die Tagliatelle gießen, mit den Muscheln in der Schale garnieren und sofort servieren.

1

2

2

Gemüse

Kohl-Walnuss-Pfanne

FÜR
4 Personen

ZUBEREITUNG
5 Minuten

GARZEIT
10–12 Minuten

Nährwerte pro Portion	409 kcal, 35 g Fett, davon 5 g gesättigt, 11 g Zucker, 0,2 g Salz

Dies ist ein großartiges Pfannengericht mit einer ungewöhnlichen Zusammenstellung verschiedener Aromen.

ZUTATEN

4 EL Erdnussöl
1 EL Walnussöl
2 Knoblauchzehen, zerdrückt
350 g Weißkohl, in dünne Streifen geschnitten
350 g Rotkohl, in dünne Streifen geschnitten
8 Frühlingszwiebeln, in Ringe geschnitten
225 g fester Tofu, gewürfelt
2 EL Zitronensaft
100 g Walnusshälften
2 TL Dijon-Senf
Salz und Pfeffer
2 TL Mohnsaat, zum Garnieren

1. Einen Wok oder eine große Pfanne auf hoher Stufe erhitzen. Die Öle dazugeben und sehr heiß werden lassen. Knoblauch, Weißkohl, Rotkohl, Frühlingszwiebeln und Tofu hinzufügen und unter ständigem Rühren 5 Minuten dünsten.

2. Zitronensaft, Walnüsse und Senf zugeben und alles gut vermengen.

3. Die Mischung mit Salz und Pfeffer abschmecken und etwa weitere 5 Minuten garen, bis der Kohl weich ist.

4. Das Pfannengericht in vorgewärmte Schalen geben, mit der Mohnsaat garnieren und sofort servieren.

1

1

2

TIPP

Nussöle sind nicht so lange haltbar wie andere Öle. Lagern Sie Nussöle am besten im Kühlschrank, damit sie nicht ranzig werden.

Gemüse-Tofu süßsauer

FÜR
4 Personen

ZUBEREITUNG
8–10 Minuten

GARZEIT
8–10 Minuten

Nährwerte pro Portion	281 kcal, 13 g Fett, davon 2 g gesättigt, 14 g Zucker, 0,2 g Salz

Wenn Sie ein vegetarisches Abendessen zubereiten möchten, dann ist diese bunte Gemüsepfanne genau das Richtige.

ZUTATEN

2 EL Pflanzenöl
2 Knoblauchzehen, zerdrückt
2 Selleriestangen, in dünne Scheiben geschnitten
1 Karotte, in dünne Streifen geschnitten
1 grüne Paprika, gewürfelt
80 g Zuckererbsen, schräg halbiert
8 Babymaiskolben
120 g Bohnensprossen
450 g Tofu, abgetropft und gewürfelt

Sauce

2 EL Rohrzucker
2 EL Weinessig
225 ml Gemüsebrühe
1 TL Tomatenmark
1 EL Speisestärke

1. Einen Wok oder eine Pfanne auf hoher Stufe erhitzen. Das Öl zugießen und sehr heiß werden lassen. Knoblauch, Sellerie, Karotte, Paprika, Zuckererbsen und Mais hinzufügen und unter ständigem Rühren 3–4 Minuten dünsten.

2. Bohnensprossen und Tofu in den Wok geben und weitere 2 Minuten unter ständigem Rühren garen.

3. Für die Sauce Zucker, Weinessig, Gemüsebrühe, Tomatenmark und Speisestärke in eine große Schüssel geben und gut vermengen. Die Mischung in den Wok einrühren, erhitzen und unter ständigem Rühren kochen, bis die Sauce eindickt. Dann 1 weitere Minute garen.

4. Das Gemüse-Tofu in vorgewärmten Schalen anrichten und sofort servieren.

1

1

2

Pilzpfanne mit Nudeln

FÜR
4 Personen

ZUBEREITUNG
10 Minuten

GARZEIT
10–12 Minuten

Nährwerte pro Portion	410 kcal, 18 g Fett, davon 3,5 g gesättigt, 7 g Zucker, 0,5 g Salz

Dies ist ein schnelles asiatisches Gericht, das nicht nur Vegetariern, sondern auch Fleischessern schmecken wird.

ZUTATEN

225 g Eiernudeln
2–3 EL Sonnenblumenöl
1 Knoblauchzehe, fein gehackt
2-cm-Stück Ingwerwurzel, fein gehackt
1 Bund Frühlingszwiebeln, gehackt, aber einige längere Streifen zum Garnieren
1 Handvoll Babyspinat
300 g Pilze, in Scheiben geschnitten
3 EL trockener Sherry
5 EL Hoisin-Sauce
Salz und Pfeffer
50 g Cashewkerne, geröstet, zum Garnieren

1. Die Nudeln in einen Topf mit leicht gesalzenem Wasser geben und 4 Minuten oder nach Packungsangabe kochen, bis sie al dente sind. Gut abtropfen lassen und warm halten.

2. Einen Wok oder eine Pfanne auf hoher Stufe erhitzen. Das Öl zugießen und sehr heiß werden lassen. Knoblauch, Ingwer und Frühlingszwiebeln darin 30 Sekunden anbraten. Den Spinat zugeben und unter Rühren erhitzen, bis er zusammenfällt.

3. Die Pilze hinzufügen und unter Rühren 2–3 Minuten pfannenrühren. Sherry und Hoisin-Sauce unterrühren und alles weitere 2–3 Minuten pfannenrühren, bis die Pilze gar sind. Die Nudeln zugeben und untermischen. Mit Salz und Pfeffer abschmecken.

4. Das Gericht in vorgewärmte Schalen geben. Mit Cashewkernen und Frühlingszwiebelstreifen garnieren und sofort servieren.

2

3

3

Makkaroni mit Chili & Brokkoli

FÜR
4 Personen

ZUBEREITUNG
5 Minuten

GARZEIT
8–10 Minuten

Nährwerte pro Portion	300 kcal, 10 g Fett, davon 1,6 g gesättigt, 3 g Zucker, Spuren von Salz

Vermeiden Sie es, sich die Augen zu reiben, nachdem Sie Chillies geschnitten haben – das kann fürchterlich brennen.

ZUTATEN

225 g Makkaroni
Salz
225 g Brokkoliröschen
50 ml natives Olivenöl extra
2 große Knoblauchzehen, gehackt
2 frische rote Chillies, entkernt und klein geschnitten
8 Cocktailtomaten
1 Handvoll frische Basilikumblätter, zum Garnieren

1. Die Makkaroni in einem großen Topf mit leicht gesalzenem Wasser 8–10 Minuten kochen, bis sie al dente sind. Abgießen, abtropfen lassen, dann unter fließend kaltem Wasser abschrecken, erneut abtropfen lassen und beiseitestellen.

2. Inzwischen die Brokkoliröschen in einem zweiten Topf mit leicht gesalzenem Wasser 5 Minuten kochen. Abtropfen lassen, dann unter fließend kaltem Wasser abschrecken und erneut abtropfen lassen.

3. Das Öl in einer großen Pfanne auf mittlerer Stufe erhitzen. Knoblauch, Chillies und Tomaten darin unter Rühren 1 Minute braten.

4. Die Brokkoliröschen zugeben und alles gut vermengen. 2 Minuten unter ständigem Rühren garen. Dann die Makkaroni zugeben, gut durchmischen und 1 weitere Minute erhitzen.

5. Das Nudelgericht auf vorgewärmte Teller geben. Mit den Basilikumblättern garnieren und sofort servieren.

2

3

4

Pappardelle mit Tomaten & Mozzarella

FÜR
4 Personen

ZUBEREITUNG
5 Minuten

GARZEIT
8–10 Minuten

Nährwerte pro Portion	610 kcal, 23 g Fett, davon 11,5 g gesättigt, 5 g Zucker, 0,8 g Salz

Pappardelle sind breite italienische Bandnudeln, die gerne zu deftigen Wildragouts serviert werden. Sie können für dieses Gericht aber auch Tagliatelle nehmen.

ZUTATEN

400 g Pappardelle
2 EL Olivenöl
1 Knoblauchzehe, gehackt
350 g Cocktailtomaten, halbiert
Salz und Pfeffer
80 g Rucola
300 g Mozzarella, gehackt
frisch geriebener Parmesan, zum Servieren

1. Die Pappardelle in einem Topf mit leicht gesalzenem Wasser 8–10 Minuten kochen, bis sie al dente sind.

2. In der Zwischenzeit das Öl in einer Pfanne auf mittlerer Stufe erhitzen und den Knoblauch unter ständigem Rühren 1 Minute dünsten.

3. Die Tomaten zugeben, mit Salz und Pfeffer würzen und 2–3 Minuten sanft garen, bis sie weich sind.

4. Die Pappardelle abgießen, abtropfen lassen und in die Pfanne geben. Rucola und Mozzarella hinzufügen und unter Rühren erhitzen, bis die Salatblätter zusammenfallen.

5. Das Nudelgericht auf vorgewärmte Teller geben und sofort mit dem Parmesan servieren.

1

3

4

TIPP
Falls Sie Vegetarier sind oder für Vegetarier kochen, nehmen Sie vegetarischen Käse.

Spaghetti mit Parmesan & Petersilie

FÜR
4 Personen

ZUBEREITUNG
5 Minuten

GARZEIT
8–10 Minuten

Nährwerte pro Portion	605 kcal, 35 g Fett, davon 22,5 g gesättigt, 2,5 g Zucker, 0,6 g Salz

Es gibt kaum ein Pastarezept, das so einfach, schnell und köstlich wie dieses hier ist. Mit Salat und frischem Brot serviert sind diese Spaghetti ein wunderbares Abendessen unter der Woche.

ZUTATEN

450 g Spaghetti
Salz
175 g Butter
4 EL frisch gehackte glatte Petersilie
225 g Parmesan, frisch gerieben
knuspriges Brot, zum Servieren

1. Die Spaghetti in einem Topf mit leicht gesalzenem Wasser 8–10 Minuten kochen, bis sie al dente sind. Dann abgießen, abtropfen lassen und in eine Schüssel geben.

2. Butter, Petersilie und die Hälfte des Parmesans über die Spaghetti geben und mit zwei Gabeln vorsichtig unterrühren, bis Butter und Käse geschmolzen sind.

3. Die Spaghetti in vorgewärmten Schalen anrichten, mit dem restlichen Parmesan bestreuen und sofort mit knusprigem Brot servieren.

1

1

2

Makkaroniauflauf mit zweierlei Käse

FÜR
4 Personen

ZUBEREITUNG
5 Minuten

GARZEIT
12–15 Minuten

Nährwerte pro Portion	540 kcal, 31 g Fett, davon 12 g gesättigt, 5 g Zucker, 1,5 g Salz

Auf dieses leckere und schnell zubereitete Gericht werden Sie immer wieder gern zurückgreifen. Die Kombination von zwei Käsesorten verleiht dem Gericht besondere Cremigkeit.

ZUTATEN

225 g Makkaroni
250 g Ricotta
1½ EL grobkörniger Senf
3 EL frisch gehackter Schnittlauch, plus etwas mehr zum Garnieren
200 g Cocktailtomaten, halbiert
100 g sonnengetrocknete Tomaten in Öl, abgetropft und gehackt
Salz und Pfeffer
Butter oder Öl, zum Einfetten
100 g mittelalter Gouda, gerieben

1. Den Backofengrill auf hoher Stufe vorheizen. Die Makkaroni in einem Topf mit leicht gesalzenem Wasser 8–10 Minuten kochen, bis sie al dente sind. Abgießen und abtropfen lassen.

2. Ricotta, Senf, Schnittlauch, Makkaroni, frische und getrocknete Tomaten in eine große Schüssel geben. Mit Salz und Pfeffer würzen und gut durchmischen.

3. Eine Auflaufform (2 l Inhalt) einfetten. Die Nudelmischung hineingeben und gleichmäßig verteilen.

4. Den Käse über den Auflauf streuen und unter dem Grill 4–5 Minuten backen, bis die Oberfläche goldbraun ist und der Käse Blasen wirft.

5. Den Auflauf auf vorgewärmten Tellern anrichten, mit Schnittlauch garnieren und sofort servieren.

2

2

4

ZUR ABWECHSLUNG
Streuen Sie rohen oder gekochten Schinken über den Auflauf, bevor Sie ihn unter den Backofengrill stellen.

Risotto mit Erbsen & Gorgonzola

FÜR
4 Personen

ZUBEREITUNG
25–30 Minuten

GARZEIT
25–30 Minuten

Nährwerte pro Portion	658 kcal, 25 g Fett, davon 12 g gesättigt, 4 g Zucker, 1,7 g Salz

Gorgonzola zählt zu den berühmtesten Käsesorten Italiens. Er eignet sich hervorragend für Risotto - probieren Sie dieses Rezept aus und Sie werden es selbst feststellen.

ZUTATEN

2 EL Olivenöl
25 g Butter
1 Zwiebel, fein gehackt
1 Knoblauchzehe, fein gehackt
350 g Risottoreis
150 ml trockener Weißwein
1,3 l heiße Gemüsebrühe
350 g Erbsen, Tiefkühlware aufgetaut
150 g Gorgonzola, zerbröckelt
2 EL frisch gehackte Minze
Salz und Pfeffer

1. Öl und Butter in einem großen Topf auf mittlerer Stufe erhitzen. Die Zwiebel darin 3–4 Minuten unter Rühren garen, bis sie weich ist.

2. Knoblauch und Reis hinzufügen und gut in der Butter-Öl-Mischung schwenken. Unter Rühren 2–3 Minuten dünsten, bis die Körner glasig sind. Den Wein zugießen und unter Rühren 1 Minute kochen.

3. Nach und nach die heiße Gemüsebrühe schöpflöffelweise zugeben. 15 Minuten garen, dabei ständig rühren; dann die Erbsen unterrühren und weitere 5 Minuten garen, bis die Flüssigkeit vollständig aufgesogen und der Risotto schön cremig ist.

4. Den Topf vom Herd nehmen, Gorgonzola und Minze zufügen und mit Salz und Pfeffer abschmecken.

5. Den Risotto in vorgewärmten Schalen anrichten und sofort servieren.

2

3

4

TIPP Ständiges Rühren ist notwendig, um einen wirklich cremigen Risotto zu erhalten.

Vegetarische Paella mit Cashewkernen

FÜR
4 Personen

ZUBEREITUNG
10 Minuten

GARZEIT
35 Minuten

Nährwerte pro Portion	419 kcal, 22 g Fett, davon 5 g gesättigt, 8,5 g Zucker, 0,2 g Salz

Diese vegetarische Paella mit knackigen Cashewkernen ist eine gesunde und schmackhafte Variante von Spaniens Nationalgericht.

ZUTATEN

2 EL Olivenöl
1 EL Butter
1 rote Zwiebel, gehackt
150 g Arborioreis
1 TL gemahlene Kurkuma
1 TL gemahlener Kreuzkümmel
½ TL Chilipulver
3 Knoblauchzehen, zerdrückt
1 frische grüne Chili, entkernt und in Ringe geschnitten
1 grüne Paprika, gewürfelt
80 g Babymaiskolben, längs halbiert
2 EL entsteinte schwarze Oliven
1 große Tomate, entkernt und gewürfelt
Salz und Pfeffer
450 ml Gemüsebrühe
80 g ungesalzene Cashewkerne
50 g Erbsen, Tiefkühlware aufgetaut
2 EL frisch gehackte Petersilie
1 Prise Cayennepfeffer

1. Öl und Butter in einer großen Pfanne auf mittlerer Stufe erhitzen, bis die Butter zerlassen ist.

2. Die Zwiebel zugeben und 2–3 Minuten unter ständigem Rühren garen, bis sie weich ist.

3. Reis, Kurkuma, Kreuzkümmel, Chilipulver, Knoblauch, Chili, Paprika, Mais, Oliven und Tomate hinzufügen und bei mittlerer Hitze 5 Minuten garen, dabei gelegentlich umrühren. Mit Salz und Pfeffer würzen.

4. Die Brühe einrühren und alles kurz aufkochen. Dann die Hitze reduzieren und das Gericht weitere 20 Minuten sanft garen.

5. Cashewkerne und Erbsen zugeben und alles weitere 5 Minuten köcheln lassen, dabei gelegentlich umrühren. Mit Salz und Pfeffer abschmecken. Petersilie und Cayennepfeffer einrühren.

6. Die Paella auf vorgewärmten Tellern anrichten und sofort servieren.

2

3

4

Chili mit Bohnen & Nachos

FÜR
4 Personen

ZUBEREITUNG
8 Minuten

GARZEIT
15 Minuten

Nährwerte pro Portion	180 kcal, 6,5 g Fett, davon 1 g gesättigt, 9 g Zucker, 0,5 g Salz

In diesen fleischlosen Chili sind zwei Sorten Bohnen kombiniert, um dem Gericht einen besonderen Geschmack zu verleihen.

ZUTATEN

2 EL Olivenöl

1 große Zwiebel, gehackt

1 große grüne Paprika, gehackt

2 Knoblauchzehen, zerdrückt

1 TL zerkleinerte getrocknete Chillies

400 g Tomaten aus der Dose, fein gehackt

Salz und Pfeffer

300 g Kidneybohnen aus der Dose, abgetropft

300 g weiße Bohnen aus der Dose, abgetropft

3 EL frisch gehackter Koriander

Nachos, zum Sevieren

1. Das Öl in einer großen Pfanne auf mittlerer Stufe erhitzen. Zwiebel und Paprika zugeben und 8 Minuten pfannenrühren, bis sie leicht angebräunt sind.

2. Knoblauch und Chillies, dann die Tomaten hinzufügen und 2 Minuten köcheln lassen. Mit Salz und Pfeffer würzen.

3. Beide Bohnensorten und Koriander zugeben und alles kurz aufkochen, dann weitere 5 Minuten köcheln lassen. Mit Salz und Pfeffer abschmecken.

4. Das Chili in vorgewärmten Schalen anrichten und sofort mit den Nachos servieren.

1

2

3

GANZ GESUND

Wenn Sie in Ihrer Ernährung auf Salz und Zucker achten müssen, nehmen Sie ungesalzene und ungezuckerte Bohnen aus der Dose.

Pilz-Fajitas

FÜR
4 Personen

ZUBEREITUNG
10 Minuten

GARZEIT
10–12 Minuten

Nährwerte pro Portion	423 kcal, 8 g Fett, davon 1 g gesättigt, 10 g Zucker, 0,9 g Salz

Warme Tortillas, gefüllt mit Pilzen und Kräutern, sind ein fantastisches vegetarisches Gericht.

ZUTATEN

2 EL Öl
500 g große, flache Pilze, in Scheiben geschnitten
1 Zwiebel, in Ringe geschnitten
je 1 rote und grüne Paprika, in Streifen geschnitten
1 Knoblauchzehe, zerdrückt
¼–½ TL Cayennepfeffer
Saft und abgeriebene Schale von 2 Limetten
2 TL Zucker
1 TL getrockneter Oregano
Salz und Pfeffer
8 Weizenmehl-Tortillas
Salsa, zum Sevieren

1. Das Öl in einer großen Pfanne auf mittlerer Stufe erhitzen. Pilze, Zwiebel, Paprika und Knoblauch zugeben und 8–10 Minuten unter gelegentlichem Rühren dünsten, bis das Gemüse gar ist.

2. Cayennepfeffer, Limettensaft und -schale, Zucker und Oregano zufügen. Mit Salz und Pfeffer würzen und weitere 2 Minuten garen. Das Gemüse aus der Pfanne nehmen und warm stellen.

3. Die Pfanne mit Küchenpapier sauber auswischen. Die Tortillas hineingeben und einige Sekunden erhitzen; wieder herausnehmen.

4. Die Pilz-Gemüse-Mischung auf die Tortillas verteilen. Die Seiten einschlagen und die Fajitas sofort mit Salsa servieren.

1

2

4

Pilze Stroganoff

FÜR
4 Personen

ZUBEREITUNG
10 Minuten

GARZEIT
15–20 Minuten

Nährwerte pro Portion	213 kcal, 21 g Fett, davon 14 g gesättigt, 3 g Zucker, 0,2 g Salz

Dieses Gericht ist dem berühmten russischen Bœuf Stroganoff nachempfunden, von dem verschiedene Varianten in aller Welt existieren. Unser Ragout enthält kein Fleisch, dafür aber Crème fraîche und Paprika.

ZUTATEN

25 g Butter
1 große Zwiebel, fein gehackt
450 g Pilze, geviertelt
1 EL Tomatenmark
1 EL grobkörniger Senf
150 g Crème fraîche
1 TL Paprikapulver, plus etwas mehr zum Garnieren
Salz und Pfeffer
frische glatte Petersilie, zum Garnieren

1. Die Butter in einer großen Pfanne auf mittlerer Stufe erhitzen. Die Zwiebel zugeben und 5–10 Minuten unter gelegentlichem Rühren glasig dünsten.

2. Die Pilze hinzufügen und unter ständigem Rühren einige Minuten dünsten, bis sie fast weich sind. Zuerst Tomatenmark und Senf, dann die Crème fraîche einrühren und unter ständigem Rühren weitere 5 Minuten garen.

3. Das Paprikapulver über das Gemüse streuen, dann mit Salz und Pfeffer würzen.

4. Das Gericht auf vorgewärmte Teller geben. Mit etwas Paprikapulver und Petersilie garnieren und sofort servieren.

1

2

2

GANZ GESUND

Um die Kalorien zu reduzieren, ersetzen Sie die Crème fraîche durch fettarmen griechischen Joghurt.

Auflauf mit Pilzen, Blumenkohl & Käse

FÜR
4 Personen

ZUBEREITUNG
10 Minuten

GARZEIT
20–25 Minuten

Nährwerte pro Portion	350 kcal, 21 g Fett, davon 12 g gesättigt, 5 g Zucker, 1 g Salz

Mit Käse überbackener Blumenkohl wird sowohl als schnelles Hauptgericht wie auch als Beilage geschätzt. Die Pilze verleihen ihm eine raffinierte Note.

ZUTATEN

1 Blumenkohl, in Röschen zerteilt
50 g Butter
120 g kleine Champignons, in Scheiben geschnitten
Salz und Pfeffer

Belag

120 g Semmelbrösel
2 EL frisch geriebener Parmesan
1 TL getrockneter Oregano
1 TL getrocknete Petersilie
25 g Butter

1. Die Blumenkohlröschen in einem großen Topf mit leicht gesalzenem Wasser 3 Minuten kochen. Vom Herd nehmen, den Blumenkohl abgießen, gut abtropfen lassen und in eine flache Auflaufform geben.

2. Den Backofen auf 230 °C vorheizen. Die Butter in einem kleinen Topf auf mittlerer Stufe zerlassen. Die Pilze hinzufügen und unter ständigem Rühren 3 Minuten dünsten.

3. Den Topf vom Herd nehmen und die Pilze auf dem Blumenkohl verteilen. Nach Belieben mit Pfeffer und Salz würzen.

4. Für den Belag Semmelbrösel, Parmesan, Oregano und Petersilie in einer kleinen Schüssel vermengen und die Mischung über die Pilze verteilen.

5. Die Butter in kleinen Flöckchen auf die Semmelbröselmischung geben. Im vorgeheizten Ofen 15 Minuten backen, bis die Oberfläche goldbraun ist.

6. Den Auflauf auf vorgewärmten Tellern anrichten und sofort servieren.

1

2

4

Bohnenburger

FÜR
4 Personen

ZUBEREITUNG
10 Minuten

GARZEIT
20–25 Minuten

Nährwerte pro Portion	351 kcal, 10 g Fett, davon 2 g gesättigt, 5,5 g Zucker, 1,8 g Salz

Diese großartigen, selbst gemachten Burger schmecken besser als alles, was man kaufen kann.

ZUTATEN

1 EL Sonnenblumenöl, plus etwas mehr zum Bestreichen

1 Zwiebel, fein gehackt

1 Knoblauchzehe, fein gehackt

1 TL gemahlener Koriander

1 TL gemahlener Kreuzkümmel

120 g weiße Champignons, fein gehackt

425 g Borlotti- oder Kidneybohnen aus der Dose, abgespült und abgetropft

2 EL frisch gehackte glatte Petersilie

Salz und Pfeffer

Mehl, zum Bestäuben

Hamburgerbrötchen und Salat, zum Servieren

1. Das Öl auf mittlerer Stufe in einer schweren Pfanne erhitzen und die Zwiebel unter Rühren darin 5 Minuten garen, bis sie weich ist. Knoblauch, Koriander und Kreuzkümmel hinzugeben und 1 weitere Minute pfannenrühren. Die Champignons zufügen und unter regelmäßigem Rühren 4–5 Minuten garen, bis die gesamte Flüssigkeit verkocht ist. Das Gemüse in eine Schüssel umfüllen.

2. Die Bohnen in eine kleine Schüssel geben und mit einer Gabel zerdrücken. Mit der Petersilie unter die Gemüsemischung rühren und mit Salz und Pfeffer würzen.

3. Den Backofengrill vorheizen. Die Gemüse-Bohnen-Mischung in vier Portionen teilen, leicht mit Mehl bestäuben und zu flachen, runden Burgern formen. Mit Öl bestreichen und unter dem Grill von jeder Seite etwa 4–5 Minuten grillen. In Hamburgerbrötchen mit Salat servieren.

1

2

3

Falafelburger

FÜR
4 Personen

ZUBEREITUNG
10 Minuten

GARZEIT
5 Minuten

Nährwerte pro Portion	250 kcal, 15 g Fett, davon 2 g gesättigt, 1,5 g Zucker, 0,7 g Salz

Wenn Sie eine Küchenmaschine oder einen Mixer haben, können Sie die Kichererbsen im Nu in eine grobe Paste verwandeln. Ansonsten nehmen Sie einen Kartoffelstampfer.

ZUTATEN

800 g Kichererbsen aus der Dose, abgespült und abgetropft

1 kleine Zwiebel, gehackt

abgeriebene Schale und Saft von 1 Limette

2 TL gemahlener Koriander

2 TL gemahlener Kreuzkümmel

Mehl, zum Bestäuben

4 EL Olivenöl

frische Basilikumstängel, zum Garnieren

Tomatensalsa, zum Servieren

1. Kichererbsen, Zwiebel, Limettenschale und -saft zusammen mit den Gewürzen in einer Küchenmaschine oder einem Mixer zu einer groben Paste verarbeiten und anschließend in eine Schüssel geben.

2. Die Mischung in vier Portionen teilen, mit Mehl bestäuben und zu Kugeln rollen. Anschließend flach drücken und zu Burgern in der gewünschten Dicke formen.

3. Das Öl in einer großen Pfanne auf mittlerer Stufe erhitzen. Die Burger darin 2 Minuten von jeder Seite braten, bis sie knusprig und durchgegart sind.

4. Die Falafelburger auf vorgewärmten Tellern anrichten. Mit Basilikumstängeln garnieren und sofort mit Tomatensalsa servieren.

1

2

2

ZUR ABWECHSLUNG

Sie können Miniversionen dieser Burger als Snack servieren, oder Sie geben sie zusammen mit Salatblättern und Tahini-Dressing in warmes Pita-Brot.

Champignonburger

FÜR
4 Personen

ZUBEREITUNG
10 Minuten

GARZEIT
12–15 Minuten

Nährwerte pro Portion	409 kcal, 15 g Fett, davon 3 g gesättigt, 0,4 g Zucker, 1,6 g Salz

Pilze sind reich an Proteinen, Vitaminen und Ballaststoffen und bieten eine gesunde Alternative zu Fleischgerichten.

ZUTATEN

500 g braune Champignons
1 Zwiebel, geviertelt
Olivenöl, zum Braten
1 Knoblauchzehe, zerdrückt
70 g Semmelbrösel
1 kleines Ei, verquirlt
1 EL frisch gehackter Thymian
½ TL frisch geriebene Muskatnuss
Salz und Pfeffer
Mehl, zum Bestäuben

Zum Servieren

Babyspinat
Burgerbrötchen
Mayonnaise (nach Belieben)

1. Pilze und Zwiebel in einer Küchenmaschine oder einem Mixer fein hacken.

2. Etwas Öl in einer großen Pfanne auf mittlerer Stufe erhitzen. Die Pilz-Zwiebel-Mischung darin 4–5 Minuten unter ständigem Rühren dünsten, bis so viel Flüssigkeit wie möglich verkocht ist. Den Knoblauch einrühren und die Pfanne vom Herd nehmen. Die Mischung in eine große Schüssel geben.

3. Semmelbrösel, Ei, Thymian und Muskatnuss hinzufügen, mit Salz und Pfeffer würzen und alles gut vermengen. Die Mischung in vier Portionen teilen, mit Mehl bestäuben und zu Kugeln rollen. Anschließend flach drücken und zu Burgern in der gewünschten Dicke formen.

4. Die Pfanne mit Küchenpapier auswischen. Etwas Öl hineingießen und stark erhitzen. Die Burger darin 4–5 Minuten braten, wenden und von der anderen Seite nochmals 4–5 Minuten braten, bis sie durchgegart und leicht gebräunt sind.

5. Den Spinat auf die unteren Hälften der Burgerbrötchen verteilen, mit den Burgern belegen und 1 Löffel Mayonnaise daraufgeben. Die oberen Brötchenhälften aufsetzen und sofort servieren.

2

2

3

Schnelle Ratatouille

FÜR
4 Personen

ZUBEREITUNG
10 Minuten

GARZEIT
15–20 Minuten

Nährwerte pro Portion	162 kcal, 12 g Fett, davon 2 g gesättigt, 8 g Zucker, 0,1 g Salz

Achten Sie darauf, das Gemüse in möglichst gleich große Stücke zu schneiden, damit alles gleichmäßig kocht.

ZUTATEN

4 EL Olivenöl
1 kleine Zwiebel, gehackt
1 kleine Aubergine, gehackt
1 rote Paprika, gehackt
2 Zucchini, gehackt
2 Knoblauchzehen, gehackt
3 EL Rotwoin
400 g gehackte Tomaten aus der Dose
2 Lorbeerblätter
Salz und Pfeffer
fein gehackte frische Petersilie, zum Garnieren
knuspriges Brot, zum Servieren

1. Das Öl in einer großen Pfanne auf hoher Stufe erhitzen. Zwiebel, Aubergine, Paprika und Zucchini darin 5 Minuten unter ständigem Rühren anbraten, bis das Gemüse weich wird.

2. Knoblauch, Rotwein, Tomaten und Lorbeerblätter hinzufügen, kurz aufkochen, dann die Hitze reduzieren. Die Pfanne abdecken und alles 10–15 Minuten köcheln lassen, bis das Gemüse gar ist. Gelegentlich umrühren. Die Lorbeerblätter entfernen und das Gericht mit Salz und Pfeffer abschmecken.

3. Die Ratatouille auf vorgewärmten Tellern anrichten. Mit Petersilie garnieren und sofort mit knusprigem Brot servieren.

1

1

2

DAZU PASST

Geben Sie ein pochiertes Ei darüber und bestreuen Sie die Ratatouille mit fein geriebenem Parmesan.

Schnelle Gemüselasagne

FÜR
4 Personen

ZUBEREITUNG
5 Minuten

GARZEIT
10–15 Minuten

Nährwerte pro Portion	425 kcal, 16 g Fett, davon 6 g gesättigt, 10 g Zucker, 0,5 g Salz

Die Zubereitung einer vegetarischen Lasagne kann mehr als 1 Stunde dauern, aber dieses Rezept ist in Minuten fertig!

ZUTATEN

1 rote Zwiebel, in Spalten geschnitten

je 1 grüne und rote Paprika, in grobe Streifen geschnitten

2 große Zucchini, schräg in Scheiben geschnitten

2 EL Olivenöl, plus etwas mehr zum Einfetten

Salz und Pfeffer

12 Lasagneblätter

1 Handvoll frische Basilikumblätter

2 große Tomaten, in Scheiben geschnitten

100 g mittelalter Gouda, gerieben

gemischte Salatblätter, zum Garnieren

1. Den Backofengrill auf hoher Stufe vorheizen. Zwiebel, Paprika und Zucchini auf ein Backblech geben und mit dem Öl beträufeln. Mit Salz und Pfeffer bestreuen und 6–8 Minuten grillen, bis das Gemüse zart ist, dabei einmal wenden.

2. Inzwischen die Lasagneblätter in leicht gesalzenem Wasser etwa 2–3 Minuten kochen, bis sie weich sind. Gut abtropfen lassen.

3. Auf ein mit Öl eingefettetes Backblech 4 Lasagneblätter legen. Die Hälfte der Gemüsemischung darauf verteilen. Basilikumblätter und Tomatenscheiben darübergeben und mit Lasagneblättern abdecken. Dann die andere Hälfte der Gemüsemischung auf die Lasagneblätter verteilen und mit einer weiteren Lasagneblätterschicht bedecken.

4. Mit dem Käse bestreuen und unter dem vorgeheizten Grill 2 Minuten überbacken, bis der Käse geschmolzen ist und Blasen wirft.

5. Die Lasagne auf vorgewärmten Tellern anrichten und sofort mit Salatblättern servieren.

1

2

3

ZUR ABWECHSLUNG

Als Variante können Sie mit einer großen, runden Ausstechform kreisförmige Stücke aus den Lasagneblättern schneiden.

Vegetarische Pizza

ERGIBT
1 Pizza

ZUBEREITUNG
10 Minuten

BACKZEIT
12–15 Minuten

Nährwerte pro Pizza	1187 kcal, 56 g Fett, davon 17,5 g gesättigt, 27 g Zucker, 2,9 g Salz

Bewahren Sie einige qualitativ gute Fertigpizzaböden im Kühlschrank auf – dann haben Sie immer etwas zur Hand, wenn die Zeit knapp ist.

ZUTATEN

2 EL Olivenöl
1 Pizzaboden (ca. 30 cm Ø, Fertigprodukt)
3 EL Tomatenmark
1 EL gehackter frischer Thymian
1 Zwiebel, fein gehackt
1 kleine grüne Paprika, in dünne Streifen geschnitten
2 Tomaten, in Scheiben geschnitten
6 schwarze Oliven, entsteint und halbiert
100 g Mozzarella, in Stücke geschnitten
Salz und Pfeffer

1. Den Backofen auf 220 °C vorheizen. Ein großes Backblech mit etwas von dem Öl bepinseln und den Pizzaboden darauflegen.

2. Das Tomatenmark auf dem Pizzaboden verstreichen, dabei einen 2 cm breiten Rand frei lassen. Den Boden mit dem Thymian bestreuen, dann Zwiebel, Paprika, Tomaten und Oliven darauf verteilen.

3. Den zerkleinerten Käse darüberstreuen und die Pizza nach Belieben mit Salz und Pfeffer würzen. Dann mit dem restlichen Öl beträufeln.

4. Im vorgeheizten Ofen 12–15 Minuten backen, bis die Pizza brutzelt und goldbraun ist. Sofort servieren.

2

2

3

ZUR ABWECHSLUNG

Sie können den Mozzarella durch zerkrümelten Schafskäse oder klein geschnittenen milden Ziegenkäse ersetzen. Vor dem Servieren etwas Chiliöl über die Pizza träufeln.

Vegetarische Tacos

FÜR
4 Personen

ZUBEREITUNG
5 Minuten

GARZEIT
8–10 Minuten

Nährwerte pro Portion	337 kcal, 20 g Fett, davon 6 g gesättigt, 4 g Zucker, 0,7 g Salz

Schnell und einfach zubereitet, sind diese Tacos ideal, um den gröbsten Hunger zu stillen, wenn man einmal in Eile ist.

ZUTATEN

2 EL Olivenöl
1 rote Zwiebel, in Ringe geschnitten
2 kleine Zucchini, gewürfelt
1 TL gemahlener Koriander
½ TL gemahlener Kreuzkümmel
2 Tomaten, gehackt
400 g Kichererbsen aus der Dose, abgetropft
Salz und Pfeffer
4 Taco-Schalen
80 g mittelalter Gouda, gerieben

1. Den Backofengrill auf hoher Stufe vorheizen. Das Öl in einer Pfanne auf mittlerer Stufe erhitzen. Zwiebel und Zucchini darin 4–5 Minuten dünsten, dabei gelegentlich umrühren.

2. Zuerst Koriander und Kreuzkümmel, dann Tomaten und Kichererbsen zufügen, mit Salz und Pfeffer würzen und aufkochen. Bei mittlerer Hitze 2 Minuten köcheln lassen, dabei gelegentlich umrühren. Die Mischung in die Taco-Schalen füllen und mit dem Käse bestreuen.

3. Die Tacos auf ein Backblech legen und unter dem vorgeheizten Backofengrill 1–2 Minuten überbacken, bis der Käse geschmolzen ist.

4. Die Tacos auf vorgewärmten Tellern anrichten und sofort servieren.

TIPP

Sie können die Tacos auch in Schiffchen aus Alufolie setzen. So bleiben sie aufrecht stehen, während sie gefüllt und gegrillt werden.

Überbackene Zucchini

FÜR
4 Personen

ZUBEREITUNG
5 Minuten

GARZEIT
15 Minuten

Nährwerte pro Portion	154 kcal, davon 12 g Fett, 5 g gesättigt, 4 g Zucker, 0,3 g Salz

Hier ist ein Vorschlag, wie Sie Zucchini zubereiten können, wenn im Sommer die Ernte reichlich ausfällt. Der geschmolzene Mozzarella schmeckt einfach köstlich.

ZUTATEN

4 Zucchini
2 EL natives Olivenöl extra
120 g Mozzarella, in dünne Scheiben geschnitten
2 große Tomaten, entkernt und gewürfelt
2 TL frisch gehackter Basilikum oder Oregano

1. Den Backofen auf 200 °C vorheizen. Die Zucchini der Länge nach in vier Scheiben schneiden, den Stielansatz dabei intakt lassen. Die Zucchini fächerartig auseinanderdrücken. Mit dem Öl bepinseln und auf ein großes Backblech legen.

2. Die Zucchini im vorgeheizten Ofen 10 Minuten backen; dabei darauf achten, dass sie nicht zu weich werden.

3. Die Zucchini aus dem Ofen nehmen und in eine Auflaufform geben. Die Käsescheiben darauflegen und mit Tomaten und Basilikum garnieren. 5 Minuten in den Ofen stellen, bis der Käse geschmolzen ist.

4. Die überbackenen Zucchini auf vorgewärmten Tellern anrichten und sofort servieren.

1

2

3

TIPP

Es lohnt sich, für dieses Gericht echten Büffelmozzarella zu nehmen, da er eine cremigere Konsistenz und mehr Geschmack besitzt und besser schmilzt.

Gemüse mit Blätterteighaube

FÜR
4 Personen

ZUBEREITUNG
5 Minuten

BACK- UND GARZEIT
20 Minuten

Nährwerte pro Portion	331 kcal, 21 g Fett, davon 8,5 g gesättigt, 5,5 g Zucker, 0,6 g Salz

Dieses schnelle und leckere Gericht kann mit fast jedem Gemüse der Saison zubereitet werden.

ZUTATEN

2 EL Olivenöl
1 Porreestange, in dünne Ringe geschnitten
2 Karotten, in dünne Scheiben geschnitten
225 g Champignons, in Scheiben geschnitten
100 g frische oder gefrorene Erbsen
1 TL getrockneter Estragon
150 ml kochende Gemüsebrühe
Salz und Pfeffer
225 g Blätterteig, Tiefkühlware aufgetaut, fertig ausgerollt
2 EL frisch geriebener Parmesan
neue Kartoffeln, zum Servieren

1. Den Backofen auf 220 °C vorheizen. Ein Backblech auf mittlerer Schiene miterhitzen.

2. Das Öl in einer großen Pfanne auf hoher Stufe erhitzen. Porree und Karotten zugeben und 2 Minuten dünsten, gelegentlich umrühren. Dann die Pilze zufügen und 2 Minuten dünsten. Schließlich Erbsen, Estragon und Gemüsebrühe hineingeben und mit Salz und Pfeffer würzen. Die Gemüsemischung in eine Auflaufform (1,5 l Inhalt) füllen.

3. Die Mischung mit dem Blätterteig abdecken, überstehende Ränder nach innen drücken. In die Mitte kleine Schlitze schneiden. Den Blätterteig mit etwas Wasser einpinseln und den Parmesan darüberstreuen.

4. Die Auflaufform auf das Backblech im Ofen stellen und 15 Minuten backen, bis der Blätterteig goldbraun und gut aufgegangen ist.

5. Das Gemüsegericht auf vorgewärmten Tellern anrichten und sofort mit neuen Kartoffeln servieren.

2

2

3

TIPP

Das beste Ergebnis erzielen Sie mit einer flachen Auflaufform aus Metall, denn sie leitet die Hitze schnell und effizient weiter, sobald sie auf das heiße Backblech gestellt wird.

Gemüse-Tortilla

FÜR
4 Personen

ZUBEREITUNG
10 Minuten

GARZEIT
15–20 Minuten

Nährwerte pro Portion	336 kcal, 22 g Fett, davon 6 g gesättigt, 4 g Zucker, 0,6 g Salz

Diese Tortilla auf spanische Art schmeckt sowohl warm als auch kalt und eignet sich perfekt für ein Picknick.

ZUTATEN

300 g Kartoffeln, gewürfelt
2 EL Olivenöl
1 kleine rote Zwiebel, in Ringe geschnitten
1 rote Spitzpaprika, in Streifen geschnitten
100 g Cocktailtomaten, halbiert
6 große Eier, verquirlt
2 EL frisch gehackter Schnittlauch
Salz und Pfeffer
40 g Parmesan, frisch gerieben
gemischte Salatblätter, zum Servieren

1. Die Kartoffeln in einem Topf mit leicht gesalzenem Wasser 8–10 Minuten kochen, bis sie gar sind. Abgießen und abtropfen lassen.

2. Inzwischen das Öl in einer großen, ofenfesten Pfanne erhitzen. Zwiebel und Paprika zugeben und 5–6 Minuten braten, gelegentlich umrühren. Dann Kartoffeln und Tomaten hinzufügen.

3. Den Backofengrill auf hoher Stufe vorheizen. Eier, 2 Esslöffel Wasser und Schnittlauch in eine große Schüssel geben. Mit Salz und Pfeffer würzen und gut vermengen. Die Mischung über das Pfannengemüse gießen und 4–5 Minuten garen, bis die Eiermasse fast gestockt ist.

4. Den Parmesan über die Tortilla streuen. Die Pfanne unter den Backofengrill stellen und die Tortilla 2–3 Minuten backen, bis sie brutzelt und goldbraun ist.

5. Die Tortilla auf vorgewärmten Tellern anrichten und warm oder kalt mit den Salatblättern servieren.

2

3

3

TIPP

Anstatt unter dem Ofengrill zu backen, die Tortilla von der anderen Seite in der Pfanne goldbraun braten und vor dem Servieren mit dem Parmesan bestreuen.

Tortilla mit Feta & Mais

FÜR
4 Personen

ZUBEREITUNG
10 Minuten

GARZEIT
18–20 Minuten

Nährwerte pro Portion	372 kcal, 22 g Fett, davon 7 g gesättigt, 6,5 g Zucker, 1,5 g Salz

Eine weitere leckere Tortilla mit Gemüse und Käse, die sowohl warm als auch kalt schmeckt – eine köstliche Alternative zum Sandwich in Ihrer Vespertüte.

ZUTATEN

350 g Kartoffeln, gewürfelt
2 EL Olivenöl
1 Zwiebel, gehackt
1 Zucchini, grob geraspelt
200 g Mais aus der Dose, abgetropft
6 Eier
Salz und Pfeffer
100 g Feta, zerkrümelt
Paprikapulver, zum Garnieren

1. Die Kartoffeln in einem Topf mit leicht gesalzenem Wasser 8–10 Minuten kochen, bis sie gar sind. Abgießen und gut abtropfen lassen.

2. Das Öl in einer großen, ofenfesten Pfanne auf mittlerer Stufe erhitzen. Die Zwiebel zugeben und 5 Minuten unter gelegentlichem Rühren garen, bis sie weich ist. Dann Zucchini und Kartoffeln hinzufügen und 2 Minuten braten. Den Mais untermischen.

3. Den Backofengrill auf hoher Stufe vorheizen. Die Eier in eine Schüssel aufschlagen, mit Salz und Pfeffer würzen und gut verrühren. Die Mischung über das Pfannengemüse gießen, den Feta darüberstreuen und 4–5 Minuten garen, bis die Eiermasse fast gestockt ist.

4. Die Pfanne unter den Backofengrill stellen und die Tortilla 2–3 Minuten backen, bis sie brutzelt und goldbraun ist. Auf vorgewärmten Tellern anrichten, mit Paprika garnieren und warm oder kalt servieren.

2

3

3

TIPP
Nehmen Sie frische Maiskörner, wenn möglich. Stellen Sie den Maiskolben aufrecht auf ein Brett und schneiden Sie von der Spitze nach unten die Maiskörner mit einem scharfen Messer ab.

Desserts & Gebäck

Butterscotch-Sundae mit Mango & Ingwer

FÜR 4 Personen | ZUBEREITUNG 5 Minuten | GARZEIT 3 Minuten

Nährwerte pro Portion	1034 kcal, 57 g Fett, davon 33 g gesättigt, 104 g Zucker, 0,8 g Salz

Wenn Sie in Eile sind, aber jeder noch schnell etwas Süßes möchte, dann bereiten Sie doch dieses köstliche Dessert zu.

ZUTATEN

1 große, vollreife Mango

120 g Ingwerkekse

1 l Vanilleeiscreme

2 EL grob gehackte, geröstete Mandeln

Sauce

100 g Muskovado-Zucker

100 g heller Zuckerrübensirup

50 g Butter

100 g Schlagsahne

2–3 Tropfen Vanillearoma

1. Für die Butterscotch-Sauce Zucker, Sirup und Butter in einem kleinen Topf schmelzen und 3 Minuten unter gelegentlichem Rühren köcheln lassen. Sahne und Vanillearoma einrühren und den Topf vom Herd nehmen.

2. Die Mango schälen, entsteinen und das Fruchtfleisch in 1 cm große Würfel schneiden. Die Ingwerkekse in einen Gefrierbeutel geben und mit einem Nudelholz leicht zerkleinern.

3. Die Hälfte der Mangowürfel auf vier Dessertgläser verteilen und je eine Kugel Eis daraufsetzen. Etwas Butterscotch-Sauce darübergeben und mit zerstoßenen Keksen bestreuen. Den Vorgang wiederholen und die Zutaten dabei aufbrauchen.

4. Die Sundaes mit den gerösteten Mandelblättchen bestreuen und sofort servieren.

1

3

3

TIPP

Wenn es gerade keine frischen vollreifen Mangos gibt, halten Sie in der Tiefkühlabteilung Ihres Supermarkts Ausschau nach anderen Früchten.

Schoko-Bananensplit

FÜR
4 Personen

ZUBEREITUNG
10 Minuten

GARZEIT
5 Minuten

Nährwerte pro Portion	804 kcal, 51 g Fett, davon 27 g gesättigt, 68 g Zucker, 0,4 g Salz

Das Dessert für den besonderen Anlass: Nichts kann einen großen Eisbecher mit Sahne, Bananen und Nüssen toppen.

ZUTATEN

150 g Schlagsahne
4 Bananen, geschält
8 Kugeln Vanilleeiscreme
80 g gemischte Nüsse, fein gehackt und geröstet
40 g Vollmilch- oder Zartbitterschokolade, geraspelt
4 Fächereiswaffeln, zum Servieren

Schokoladensauce

50 g Zartbitterschokolade, in kleine Stücke gebrochen
4 EL heller Zuckerrübensirup
15 g Butter
1 EL Weinbrand oder brauner Rum (nach Belieben)

1. Für die Sauce die Schokolade mit Sirup und Butter in eine hitzebeständige Schüssel geben, auf ein siedendes Wasserbad setzen und rühren, bis alles geschmolzen und gut vermischt ist. Die Schüssel vom Wasserbad nehmen und, falls verwendet, den Weinbrand einrühren.

2. Die Sahne steif schlagen und die Bananen in Scheiben schneiden. In vier Dessertgläser je eine Kugel Eis geben und mit der Hälfte der Bananen und einem Löffel Sahne bedecken. Etwas Schokoladensauce darübergießen und mit der Hälfte der Nüsse bestreuen.

3. Den Vorgang mit den restlichen Zutaten wiederholen und das Dessert zum Schluss mit einem Löffel Sahne krönen, dann eventuelle Nussreste und Schokoladenraspel darüberstreuen.

4. Das Schoko-Bananensplit mit den Fächereiswaffeln dekorieren und sofort servieren.

1

2

3

TIPP
Falls Sie keine traditionellen Dessertgläser und langen Dessertlöffel zur Hand haben, können Sie auch Weingläser oder Puddingschüsselchen verwenden. Auf keinen Fall die Waffeln vergessen!

Zabaglione

FÜR
4 Personen

ZUBEREITUNG
10–15 Minuten

GARZEIT
10–15 Minuten

Nährwerte pro Portion	150 kcal, 6 g Fett, davon 1,5 g gesättigt, 16 g Zucker, Spuren von Salz

Zabaglione ist eine traditionelle italienische Weinschaumcreme, die aus Eiern, Zucker und süßem Marsalawein zubereitet wird.

ZUTATEN

4 Eigelb
60 g Feinstzucker
5 EL Marsala
Amarettini, zum Servieren

1. Eigelb und Zucker in eine große, hitzebeständige Schüssel geben. Die Zutaten 1 Minute verquirlen, dann nach und nach den Marsala unterrühren. Die Schüssel auf ein leicht siedendes Wasserbad setzen und die Masse 10–15 Minuten kräftig aufschlagen, bis sie dick, cremig und schaumig ist.

2. Die Zabaglione in vier Dessertschalen füllen und sofort zusammen mit Amarettini servieren.

1

1

2

Zitronenschaum

FÜR
4 Personen

ZUBEREITUNG
10–15 Minuten

GARZEIT
keine

Nährwerte pro Portion	442 kcal, 40 g Fett, davon 25 g gesättigt, 15 g Zucker, 0,1 g Salz

Dieses traditionelle englische Dessert – Lemon Posset genannt – wird schon in Shakespeares Werken erwähnt. Dank seines frischen Zitronenaromas bildet es den krönenden Abschluss eines üppigen Menüs.

ZUTATEN

abgeriebene Schale und Saft von 1 großen Zitrone
4 EL trockener Weißwein
50 g Feinstzucker
300 g Schlagsahne
2 Eiweiß
Zitronenzesten, zum Dekorieren
Löffelbiskuits oder zartes Spritzgebäck, zum Servieren

1. Zitronenschale und -saft zusammen mit Wein und Zucker in eine Schüssel geben. Gut verrühren, bis der Zucker vollständig aufgelöst ist. Die Sahne zugießen und die Mischung mit einem elektrischen Handrührgerät aufschlagen, bis die Creme dick ist.

2. Das Eiweiß in einer zweiten Schüssel schaumig rühren. Vorsichtig unter die Sahnemischung heben.

3. Den Zitronenschaum mit einem Löffel auf vier Dessertgläser verteilen, mit Zitronenzesten dekorieren und sofort mit Biskuits servieren.

1

1

2

ZUR ABWECHSLUNG

Sie können die Zitrone durch Orange ersetzen. Reichen Sie dazu Mürbeteigkekse anstelle von Löffelbiskuits.

Nektarinen-Crunch

FÜR
3 Personen

ZUBEREITUNG
10–15 Minuten

GARZEIT
keine

Nährwerte pro Portion	400 kcal, 11,5 g Fett, davon 2,5 g gesättigt, 44 g Zucker, 0,2 g Salz

Ein fruchtig-knuspriges Dessert für heiße Sommertage, das sich auch als schnelle Zwischenmahlzeit eignet. Wer möchte, kann die Nektarinen durch Pfirsiche ersetzen.

ZUTATEN

4 Nektarinen
2 EL Pfirsichkonfitüre
2 EL Pfirsichsaft
175 g Knuspermüsli mit Rosinen und Nüssen
300 g fettarmer Naturjoghurt

1. Die Nektarinen halbieren und die Steine herauslösen. Das Fruchtfleisch in mundgerechte Stücke zerteilen, einige Spalten zum Garnieren beiseitestellen.

2. Pfirsichkonfitüre und Pfirsichsaft in eine Schüssel geben und gut durchmischen.

3. Einige Nektarinenstücke auf dem Boden von drei Dessertgläsern verteilen, mit der Hälfte des Knuspermüslis und einem Löffel Joghurt bedecken. Weitere Nektarinenstücke darüberschichten und etwas von der Konfitürenmischung darübergeben. Die restlichen Zutaten in gleichen Schichten aufsetzen und mit einem Löffel Joghurt krönen. Übrig gebliebene Reste vom Knuspermüsli darüberstreuen.

4. Mit den beiseitegestellten Nektarinenstücken dekorieren und sofort servieren.

1

2

3

Schnelles Tiramisu

FÜR
4 Personen

ZUBEREITUNG
10–15 Minuten

GARZEIT
keine

Nährwerte pro Portion	400 kcal, 27 g Fett, davon 18 g gesättigt, 21 g Zucker, 0,2 g Salz

Tiramisu ist italienisch und bedeutet so viel wie „Zieh mich hoch" – und genau das macht dieses traumhaft cremige Dessert mit allen, die davon kosten.

ZUTATEN

225 g Mascarpone
1 Ei, getrennt
2 EL Naturjoghurt
2 EL Feinstzucker
2 EL brauner Rum
2 EL Espresso, auf Zimmertemperatur abgekühlt
8 Löffelbiskuits
2 EL geraspelte Zartbitterschokolade

1. Mascarpone, Eigelb und Joghurt in eine große Schüssel geben und mit dem Schneebesen cremig rühren.

2. Das Eiweiß in einer zweiten Schüssel schaumig aufschlagen. Den Zucker unterrühren und die Eiweißmasse unter die Mascarponemischung heben. Die Hälfte davon auf vier Dessertgläser verteilen.

3. Rum und Kaffee in eine flache Schale geben und vermischen. Die Löffelbiskuits eintauchen, in mundgerechte Stücke zerteilen und auf die Dessertgläser verteilen.

4. Die restliche Rum-Kaffee-Mischung mit dem Mascarpone verrühren und in die Gläser geben. Die Schokoladeraspel darüberstreuen. Sofort servieren oder abdecken und bis zum Verzehr kühl stellen.

2

3

4

GUT VORBEREITET
Das Tiramisu kann einige Stunden vorher zubereitet und im Kühlschrank aufbewahrt werden.

Karamellisierte Äpfel mit Pekannüssen

FÜR
4 Personen

ZUBEREITUNG
5 Minuten

GARZEIT
6–7 Minuten

Nährwerte pro Portion	442 kcal, 21 g Fett, davon 10 g gesättigt, 35 g Zucker, 0,3 g Salz

Getoastete Briochescheiben sind eine perfekte Unterlage für Äpfel, die mit einem Hauch von Zimt gedünstet wurden. Pekannüsse liefern eine knusprige Note für diesen einfachen, aber leckeren Nachtisch, den jedermann lieben wird.

ZUTATEN

50 g Butter
50 g Muskovado-Zucker
4 Äpfel, entkernt und in Spalten geschnitten
1 TL Zimt
4 dicke Scheiben Brioche
4 EL brauner Rum oder Apfelsaft
30 g Pekannüsse

1. Die Butter in einer Pfanne zerlassen. Zucker, Äpfel und Zimt dazugeben und bei mittlerer Hitze 5–6 Minuten unter gelegentlichem Rühren dünsten, bis die Äpfel karamellisiert und goldbraun sind.

2. In der Zwischenzeit die Briochescheiben beidseitig toasten, bis sie goldbraun sind.

3. Rum und Pekannüsse in die Pfanne geben und 1 Minute mitgaren.

4. Die getoasteten Briochescheiben auf vorgewärmte Teller legen. Die Apfelmischung darauf anrichten und sofort servieren.

1

1

3

GUT VORBEREITET Bewahren Sie immer Brioche im Gefrierfach auf, so können Sie dieses Dessert jederzeit zubereiten.

Knusperäpfel

FÜR
4 Personen

ZUBEREITUNG
5 Minuten

BACK- UND GARZEIT
15 Minuten

Nährwerte pro Portion	304 kcal, 14 g Fett, davon 8 g gesättigt, 27 g Zucker, Spuren von Salz

Wie wär's mit etwas Süßem und zugleich Fruchtigem zum Nachtisch, das einen Hauch von Piment verströmt!

ZUTATEN

2 große Kochäpfel, z.B. Boskop, geschält, entkernt und in kleine Stücke geschnitten

3 EL Ahornsirup

Saft von ½ Zitrone

½ TL gemahlener Piment

50 g Butter

100 g Haferflocken

40 g Muskovado-Zucker

steif geschlagene Sahne, zum Servieren

1. Den Backofen auf 220 °C vorheizen. Ein Backblech auf die mittlere Schiene stellen. Äpfel, Ahornsirup, Zitronensaft und Piment in einen großen Topf geben und auf mittlerer Stufe erhitzen. Aufkochen, gelegentlich umrühren, dann den Topf abdecken und das Ganze weitere 5 Minuten garen.

2. In der Zwischenzeit die Butter in einem kleinen Topf bei mittlerer Hitze zerlassen. Den Topf vom Herd nehmen und Haferflocken und Zucker einrühren.

3. Die Äpfel auf vier ofenfeste Souffléförmchen (à 200 ml Inhalt) verteilen und die Haferflockenmischung darübergeben. Die Förmchen auf das Backblech im vorgeheizten Ofen stellen und 10 Minuten backen, bis die Äpfel goldbraun werden und sich Bläschen bilden.

4. Die Knusperäpfel sofort mit Sahne servieren.

1

1

2

EINFRIEREN

Die gebackenen Äpfel abgedeckt bis zu 3 Monate einfrieren. Auf Zimmertemperatur auftauen, Abdeckung entfernen und im Ofen erwärmen.

Miniobsttörtchen

ERGIBT
8 Stück

ZUBEREITUNG
10 Minuten

BACKZEIT
10–12 Minuten

Nährwerte pro Portion	241 kcal, 14 g Fett, davon 7 g gesättigt, 7,5 g Zucker, 0,6 g Salz

Diesen süßen Törtchen mit frischem Obst – als Dessert oder zum Kaffee – kann sicherlich niemand widerstehen.

ZUTATEN

425 g Blätterteig, Tiefkühlware aufgetaut, fertig ausgerollt

2 Nektarinen, halbiert, entsteint und in dünne Scheiben geschnitten

15 g Butter, zerlassen

2 EL Demerara-Zucker

½ TL Zimt

Crème fraîche, zum Servieren

1. Den Backofen auf 220 °C vorheizen. Mit einer Ausstechform (10 cm Ø) acht runde Böden aus dem Teig schneiden und auf ein Backblech legen.

2. Die Nektarinenscheiben fächerartig überlappend auf den Blätterteigkreisen anordnen, dabei einen 1 cm breiten Rand freilassen. Mit der zerlassenen Butter bestreichen. Zucker und Zimt vermengen und über die Törtchen streuen.

3. Im vorgeheizten Ofen 10–12 Minuten backen, bis die Törtchen aufgegangen und goldbraun sind und sich Bläschen bilden.

4. Die Törtchen sofort Crème fraîche servieren.

1

2

2

ZUR ABWECHSLUNG

Nach Schritt 2 die Teigränder anfeuchten und einen zweiten Teigkreis darauflegen. Die Ränder zusammendrücken und einen Schlitz in den Deckel schneiden. 15–20 Minuten backen.

Schokoladenpudding

FÜR
6 Personen

ZUBEREITUNG
10 Minuten

GARZEIT
10–15 Minuten

Nährwerte pro Portion	236 kcal, 13 g Fett, davon 8 g gesättigt, 19 g Zucker, 0,6 g Salz

Dieser Pudding ist ganz schnell zubereitet und schmeckt auch noch besonders gut. Wenn Sie in Scheiben geschnittene Bananen hinzufügen, wird das Dessert noch üppiger.

ZUTATEN

100 g Zucker
4 EL Kakaopulver
2 EL Speisestärke
1 Prise Salz
360 ml Milch
1 Ei, verquirlt
50 g Butter
2–3 Tropfen Vanillearoma
flüssige Schlagsahne, zum Servieren

1. Zucker, Kakao, Speisestärke und Salz in eine hitzebeständige Schüssel geben, vermischen und beiseitestellen.

2. Die Milch auf mittlerer Stufe erhitzen. Nicht aufkochen lassen.

3. Die Milch weiter bei mittlerer Hitze auf dem Herd lassen. Einige Löffel der heißen Milch über die Zucker-Kakao-Mischung geben und gut vermengen, dann diese Mischung in die Milch einrühren. Das Ei und die Hälfte der Butter unter Rühren zufügen und die Hitze reduzieren.

4. Die Puddingmasse 5–8 Minuten unter häufigem Rühren köcheln lassen, bis die Masse dick und glatt ist. Den Topf vom Herd nehmen, Vanillearoma und die restliche Butter zugeben und rühren, bis die Butter zerlassen und von der Puddingmasse vollständig aufgenommen ist.

5. Den fertigen Pudding in Schälchen füllen, mit flüssiger Sahne garnieren und sofort servieren.

1

2

3

TIPP

Wenn Sie den Pudding kalt servieren möchten, füllen Sie ihn in ein Schälchen und lassen Sie ihn vollständig abkühlen. Mit Frischhaltefolie abgedeckt im Kühlschrank aufbewahren.

Orangen-Schokoladen-Töpfchen

FÜR
4 Personen

ZUBEREITUNG
5 Minuten

GARZEIT
3 Minuten

Nährwerte pro Portion	387 kcal, 27 g Fett, davon 18 g gesättigt, 30 g Zucker, Spuren von Salz

Was wäre ein schöner Ausklang eines tollen Essens als ein Löffel Glückseligkeit? Schokolade und Orange ergänzen einander in diesem einfachen und doch raffinierten Dessert perfekt.

ZUTATEN

1 Orange
125 g Zartbitterschokolade, in Stücke gebrochen
30 g Butter
3 EL Ahornsirup
1 EL Orangenlikör
125 g Crème fraîche
Orangenzesten, zum Dekorieren

1. Die Orange mit einem scharfen Messer so schälen, dass der weiße Teil der Schale mit entfernt wird. Die einzelnen Orangenfilets zwischen den Trennwänden herausschneiden. Den Saft in einer Schüssel auffangen. Die Segmente in kleine Stücke schneiden.

2. Schokolade, Butter, Ahornsirup, Likör und den aufgefangenen Orangensaft in einen kleinen Topf geben und bei niedriger Hitze unter gelegentlichem Rühren erwärmen, bis die Masse glatt ist. 4 Esslöffel Crème fraîche einrühren und die Orangenstücke dazugeben.

3. Die Creme in Dessertschälchen geben. Je einen Löffel der restlichen Crème fraîche daraufsetzen, mit den Orangenzesten dekorieren und sofort servieren.

1

2

3

Ananasdessert

FÜR
6 Personen

ZUBEREITUNG
15 Minuten

GARZEIT
10 Minuten

Nährwerte pro Portion	182 kcal, 1 g Fett, davon 0,5 g gesättigt, 33 g Zucker, Spuren von Salz

Ein wunderbares Dessert aus frischer Ananas, Sultaninen, Korinthen und Ahornsirup, das warm serviert wird.

ZUTATEN

1 Ananas
4 EL Sultaninen
2 EL Korinthen
4 EL Ahornsirup
4 EL weißer Rum
1 Eigelb
1 EL Speisestärke
2–3 Tropfen Vanillearoma
¼ TL gemahlener Ingwer
2 Eiweiß
2 EL Muskovado-Zucker

1. Den Backofen auf 240 °C vorheizen. Stielansatz und Blätter der Ananas großzügig abschneiden und wegwerfen. Die Frucht aufrecht hinstellen und die Haut abschälen, dabei alle verbleibenden „Augen" mit einem scharfen Messer herausschneiden. Die Frucht in zwei Längshälften teilen und jeweils den harten Strunk entfernen, dann das Fruchtfleisch in dünne Scheiben schneiden.

2. Die Ananasscheiben in eine flache Auflaufform schichten, dann Sultaninen und Korinthen darüberstreuen. Die Hälfte des Ahornsirups und des Rums darüberträufeln und 5 Minuten im vorgeheizten Ofen backen.

3. Währenddessen restlichen Ahornsirup und Rum zusammen mit Eigelb, Speisestärke, Vanillearoma und Ingwer in eine Schüssel geben und gut vermischen.

4. Das Eiweiß in einer zweiten Schüssel steif schlagen. Die Eigelbmischung vorsichtig unterheben.

5. Die Eiweißmasse über die heiße Ananas geben, den Zucker darüberstreuen und 5 Minuten im vorgeheizten Ofen backen, bis die Oberfläche goldbraun ist.

6. Das Ananasdessert auf vorgewärmten Tellern anrichten und sofort servieren.

2

4

5

Gegrillte Orangen mit Zimt

FÜR
4 Personen

ZUBEREITUNG
5 Minuten

GARZEIT
3–5 Minuten

Nährwerte pro Portion	88 kcal, 0,2 g Fett, davon 0 g gesättigt, 20 g Zucker, Spuren von Salz

Halbierte Orangen, mit Zucker und Zimt gegrillt, schmecken fantastisch – und sie sind ideal als schneller und gesunder Abschluss eines Menüs. Außerdem eignen sie sich hervorragend als Muntermacher am Morgen.

ZUTATEN

4 große Orangen
1 EL Zimt
1 EL Demerara-Zucker

1. Den Backofengrill auf hoher Stufe vorheizen. Die Orangen halbieren und alle Kerne entfernen. Mit einem scharfen Messer das Fruchtfleisch von der Schale lösen, dann entlang der Segmente einschneiden, sodass mundgerechte Stücke entstehen, die leicht mit einem Löffel herausgehoben werden können.

2. Die Orangenhälften mit der Schnittfläche nach oben in eine flache Auflaufform geben. Zimt und Zucker in einer kleinen Schale vermengen und über die Orangenhälften streuen.

3. Die Orangenhälften im vorgeheizten Ofen 3–5 Minuten grillen, bis der Zucker karamellisiert und goldbraun ist und sich Bläschen bilden. Die Orangen sofort servieren.

1

2

2

DAZU PASST
Naturjoghurt oder Honigjoghurt machen aus diesem Dessert einen besonderen Leckerbissen.

Überbackene Bananen

FÜR
4 Personen

ZUBEREITUNG
10 Minuten
plus Abkühlzeit

GARZEIT
7–8 Minuten

Nährwerte pro Portion	521 kcal, 40 g Fett, davon 28 g gesättigt, 32 g Zucker, Spuren von Salz

Mit Kokoscreme und Limettensaft auf den Punkt gegrillt, bringen diese Bananen den Geschmack der Tropen ins Haus.

ZUTATEN

50 g schnittfeste Kokoscreme, gehackt

150 g Schlagsahne

4 Bananen

Saft und fein abgeriebene Schale von 1 Limette sowie 1 Limette, in Spalten geschnitten

1 EL Pflanzenöl oder Erdnussöl

50 g Kokosflocken

1. Kokoscremestücke und Schlagsahne in einem Topf auf niedriger Stufe erhitzen, dabei ständig rühren, bis sich die Kokoscreme vollständig aufgelöst hat. Vom Herd nehmen und 10 Minuten abkühlen lassen, dann mit einem Handrührgerät zu einer dicken Masse aufschlagen.

2. Eine Grillpfanne auf hoher Stufe erhitzen. Die Bananen schälen und in Limettensaft und Limettenschale wenden. Die Grillpfanne mit dem Öl einpinseln, die Bananen hineingeben und 2–3 Minuten braten, bis sie weich und braun geworden sind; dabei einmal wenden. Nach der Hälfte der Garzeit die Limettenspalten hinzufügen.

3. In der Zwischenzeit den Backofengrill auf mittlerer Stufe vorheizen. Die Kokosflocken auf eine Folie geben und rösten, bis sie leicht gebräunt sind. Die Kokosflocken über die Bananen streuen, dann mit Limettenspalten und Kokoscreme servieren.

1

1

2

Mandel-Erdbeer-Pfannkuchen

FÜR
4 Personen

ZUBEREITUNG
15 Minuten

GARZEIT
15 Minuten

Nährwerte pro Portion	671 kcal, 49 g Fett, davon 25 g gesättigt, 17 g Zucker, 1 g Salz

Diese luftigen, mit Erdbeeren und Crème fraîche geschichteten Pfannkuchen sind nicht nur für Naschkatzen ein Traum, der wahr wird.

ZUTATEN

150 g Mehl
1½ TL Backpulver
1 Prise Salz
2 EL Feinstzucker
250 ml Milch
1 großes Ei
2 EL zerlassene Butter
2 EL Sahne
2 EL gemahlene Mandeln
1 TL Mandelaroma
Sonnenblumenöl, zum Bestreichen

Füllung & Dekoration

250 g Crème fraîche
250 g Erdbeeren, in Scheiben geschnitten
Puderzucker, zum Bestäuben
3 EL geröstete Mandelblättchen

1. Mehl, Backpulver, Salz und Zucker in eine Schüssel sieben. Milch, Ei, Butter, Sahne, Mandeln und Mandelaroma hinzufügen und alles mit einem Handrührgerät zu einem glatten Teig verarbeiten.

2. Eine Pfanne mit Öl bepinseln und auf mittlerer Stufe erhitzen. Den Teig in esslöffelgroßen Portionen hineingeben, zu kleinen, runden Pfannkuchen verstreichen und so lange backen, bis auf der Oberfläche Bläschen entstehen.

3. Die Pfannkuchen mit einem Palettenmesser wenden und die andere Seite goldbraun backen. Den Vorgang so oft wiederholen, bis der gesamte Teig verbraucht ist. In der Zwischenzeit die fertigen Pfannkuchen warm stellen.

4. Vier Pfannkuchen mit einem Drittel der Crème fraîche bestreichen und mit einem Drittel der Erdbeeren belegen. Das Schichten wiederholen. Zuletzt je einen Pfannkuchen auflegen, die restliche Crème fraîche mit einem Löffel daraufgeben und mit den restlichen Erdbeerscheiben belegen. Mit Puderzucker und Mandelblättchen bestreuen und sofort servieren.

1

4

4

Himbeer-Croissant-Puddings

FÜR
4 Personen

ZUBEREITUNG
10 Minuten

BACKZEIT
20 Minuten

Nährwerte pro Portion	441 kcal, 26 g Fett, davon 13 g gesättigt, 18 g Zucker, 0,9 g Salz

Fertig gekaufte Croissants verwandeln diesen Pudding in ein schnell zubereitetes Dessert, das allen schmeckt.

ZUTATEN

30 g Butter, zerlassen
4 Croissants
225 g frische Himbeeren
4 EL Ahornsirup
350 ml Milch
2 große Eier, verquirlt
5 Tropfen Vanillearoma
frisch geriebene Muskatnuss, zum Bestäuben

1. Den Backofen auf 220 °C vorheizen. Ein Backblech auf die mittlere Schiene stellen. Vier ofenfeste Förmchen (à 350 ml Inhalt) mit der Hälfte der Butter einfetten.

2. Die Croissants in mundgerechte Stücke schneiden, dann mit den Himbeeren mischen und auf die Förmchen verteilen. Den Ahornsirup darüberträufeln.

3. Die Milch in einem kleinen Topf auf mittlerer Stufe langsam erhitzen, bis sie fast kocht. In eine hitzebeständige Schüssel gießen, dann Eier und Vanillearoma unter kräftigem Rühren einarbeiten.

4. Die Milchmischung gleichmäßig auf die Förmchen verteilen, dabei die Croissantstücke leicht herunterdrücken.

5. Die Portionen mit der restlichen Butter beträufeln und mit etwas Muskatnuss bestreuen. Im vorgeheizten Ofen 20 Minuten backen, bis die Füllung gerade fest ist. Sofort servieren.

2

3

5

Karamell-Popcorn

FÜR
4 Personen

ZUBEREITUNG
10 Minuten

BACK- UND GARZEIT
15 Minuten

Nährwerte pro Portion	487 kcal, 30 g Fett, davon 14 g gesättigt, 41 g Zucker, 0,4 g Salz

Dies ist eine völlig neue Art, Popcorn zu essen! Der Überzug aus Sirup, braunem Zucker, Nüssen und Schokolade verwandelt das Popcorn in ein unvergessliches Dessert.

ZUTATEN

- 1 EL Sonnenblumenöl, plus etwas mehr zum Einfetten
- 70 g Popcornmais
- 80 g Butter
- 120 g Rohrzucker
- 2 EL heller Zuckerrübensirup
- 25 g Pekannüsse, gehackt
- 50 g Vollmilchschokolade, geschmolzen

1. Den Backofen auf 160 °C vorheizen. Ein großes Backblech leicht einfetten. Das Öl in einem großen Topf auf hoher Stufe erhitzen. Die Maiskörner zugeben, den Topf abdecken und 3–4 Minuten unter gelegentlichem Rütteln garen, bis alle Körner zu Popcorn aufgeplatzt sind.

2. Butter, Zucker und Sirup in einem kleinen Topf auf mittlerer Stufe erhitzen, bis die Butter zerlassen ist. Die Hitze erhöhen und die Mischung 1 Minute kochen. Dann die heiße Karamellsauce schnell über das noch warme Popcorn gießen. Die Pekannüsse zugeben und alles sorgfältig vermischen.

3. Das Popcorn auf dem Backblech verteilen und im vorgeheizten Ofen 10 Minuten backen. Abkühlen lassen, dann in kleinere Stücke brechen. Die geschmolzene Schokolade über das Karamell-Popcorn träufeln und fest werden lassen. In kleinen Schalen, Papierback- oder Cupcakeförmchen servieren.

1

2

3

TIPP

Kinder lieben es, Popcorn zuzubereiten. Bei diesem Rezept benötigen sie allerdings eine Aufsicht, denn die Sirupmischung wird sehr heiß.

Mexikanische Churros

FÜR
6 Personen

ZUBEREITUNG
15 Minuten
plus Abkühlzeit

GARZEIT
15–20 Minuten

Nährwerte pro Portion	553 kcal, 41 g Fett, davon 16 g gesättigt, 23 g Zucker, 0,4 g Salz

Die einen behaupten, diese Krapfen stammen aus Spanien, die anderen sagen, sie kämen aus Südamerika. Wer auch immer das Rezept kreiert hat, in Schokoladensauce getaucht schmecken die Krapfen einfach köstlich.

ZUTATEN

100 g Butter
140 g Mehl, gesiebt
2 große Eier, verquirlt
Sonnenblumenöl, zum Frittieren
50 g Feinstzucker
1 TL Zimt

Schokoladensauce

120 g Zartbitterschokolade, in Stücke gebrochen
1 EL heller Zuckerrübensirup
15 g Butter
4 EL Milch

1. Die Butter mit 300 ml Wasser in einem Topf bei mittlerer Hitze zerlassen. Kurz aufkochen, vom Herd nehmen und das Mehl hineingeben. Kräftig rühren, bis die Masse glatt ist. 10 Minuten abkühlen lassen, dann nacheinander die Eier zugeben und kräftig einarbeiten, bis ein dicker Teig entsteht.

2. Einen tiefen Frittiertopf zur Hälfte mit Sonnenblumenöl füllen. Das Öl auf 180 °C erhitzen (ein Brotwürfel bräunt darin in 30 Sekunden). Den Teig in einen Spritzbeutel mit Sterntülle füllen und 4–5 längere Stücke in das heiße Öl drücken. 2–3 Minuten frittieren, bis sie knusprig und goldbraun sind. Die Stücke herausnehmen, auf Küchenpapier abtropfen lassen und warm stellen, während die restlichen Churros frittiert werden.

3. Zucker und Zimt in eine große, flache Schale geben und gut vermengen. Die warmen Churros im Zimtzucker wenden, bis sie leicht damit bedeckt sind.

4. Für die Schokoladensauce alle Zutaten in einer hitzebeständigen Schüssel auf ein siedendes Wasserbad setzen und gelegentlich umrühren, bis alles geschmolzen und die Masse glatt ist.

5. Die Churros in Schalen anrichten und sofort mit der Schokoladensauce servieren.

1

2

4

Biskuitkuchen mit Vanillesauce

FÜR
4 Personen

ZUBEREITUNG
10 Minuten

BACKZEIT
9 Minuten

Nährwerte pro Portion	519 kcal, 30 g Fett, davon 18 g gesättigt, 33 g Zucker, 1,3 g Salz

Dieser Biskuitkuchen lässt sich blitzschnell im Mikrowellenherd zubereiten – mit Vanillesauce ein köstlicher Nachtisch.

ZUTATEN

125 g Butter, plus etwas mehr zum Einfetten
4 EL heller Zuckerrübensirup
80 g Feinstzucker
2 Eier, leicht verquirlt
125 g Mehl
2¼ TL Backpulver
2 EL warmes Wasser
fertige Vanillesauce, zum Servieren

1. Eine Puddingform (1,5 l Inhalt) einfetten und den Zuckerrübensirup hineingeben.

2. Die Butter mit dem Zucker in einer Schüssel mit einem Handrührgerät schaumig aufschlagen. Nach und nach die Eier hinzufügen und jeweils gut einarbeiten.

3. Mehl und Backpulver in eine Schüssel sieben und vorsichtig unter die Buttermischung heben. Genügend Wasser zugeben, damit der Teig eine weiche Konsistenz bekommt. Dann den Teig in die Puddingform füllen und glatt streichen.

4. Die Form mit mikrowellengeeigneter Folie abdecken; dabei einen kleinen Spalt freilassen, damit Luft entweichen kann. Im Mikrowellenherd auf hoher Stufe 4 Minuten erhitzen, dann herausnehmen und den Biskuitkuchen 5 Minuten stehen lassen, während er weitergart.

5. Den Biskuitkuchen auf einen Teller stürzen und sofort mit Vanillesauce servieren.

1

2

4

ZUR ABWECHSLUNG
Sie können den Zuckerrübensirup durch Ihre Lieblingskonfitüre oder gedünstetes Obst ersetzen.

Miniblaubeermuffins

ERGIBT
18 Stück

ZUBEREITUNG
10 Minuten
plus Abkühlzeit

GARZEIT
15 Minuten

Nährwerte pro Muffin	60 kcal, 2 g Fett, davon 0,3 g gesättigt, 5 g Zucker, 0,2 g Salz

Die saftigen Früchte in diesem Rezept platzen beim Backen auf und verleihen den Muffins Farbe und Aroma.

ZUTATEN

125 g Mehl
1¾ TL Backpulver
70 g Feinstzucker
80 g Blaubeeren
10 Tropfen Vanillearoma
1 Ei
125 ml Buttermilch
2 EL Pflanzenöl
Vanillezucker, zum Bestreuen

1. Den Backofen auf 190 °C vorheizen. Aus Backpapier 18 Quadrate (9 cm x 9 cm) zuschneiden und so in die Vertiefungen einer Minimuffinform drücken, dass Backförmchen entstehen. Es macht nichts, dass sie erst einmal nicht in der Form bleiben, beim Füllen drückt das Gewicht des Teigs die Backförmchen automatisch in die Form.

2. Mehl und Backpulver in eine Schüssel sieben. Zucker und Blaubeeren untermischen. In einer zweiten Schüssel Vanillearoma, Ei, Buttermilch und Öl mit einer Gabel sorgfältig verquirlen.

3. Die Buttermilchmischung vorsichtig unter das Mehl rühren, sodass ein grober Teig entsteht.

4. Den Muffinteig in die Förmchen füllen und etwas Vanillezucker darüberstreuen. Im vorgeheizten Ofen 15 Minuten backen, bis der Teig gut aufgegangen ist und auf Fingerdruck elastisch nachgibt. Die Muffins noch 2 Minuten in der Form lassen, dann herausnehmen und auf einem Kuchengitter abkühlen lassen. Erneut mit Vanillezucker bestreuen und warm oder kalt servieren.

1

2

4

Minischokomuffins

ERGIBT
12 Stück

ZUBEREITUNG
15 Minuten
plus Abkühlzeit

BACKZEIT
15 Minuten

Nährwerte pro Muffin	119 kcal, 7 g Fett, davon 4 g gesättigt, 8 g Zucker, 0,2 g Salz

Diese Muffins sind zwar sehr klein, dafür ist da aber so viel Schokolade drin, wie nur reinpasst!

ZUTATEN

15 g Kakaopulver
70 g Mehl
1 TL Backpulver
25 g Muskovado-Zucker
80 g Vollmilchschokolade, grob gehackt
1 Ei
3 EL Milch
40 g Butter, zerlassen
40 g Zartbitterschokolade, grob gehackt

1. Den Backofen auf 190 °C vorheizen. Zwölf Vertiefungen einer Minimuffinform mit kleinen Papierbackförmchen auslegen.

2. Kakao, Mehl und Backpulver in eine Schüssel sieben. Zucker und Vollmilchschokolade dazugeben. In einer zweiten Schüssel Ei, Milch und Butter mit einer Gabel sorgfältig verquirlen.

3. Die Eimischung vorsichtig unter das Mehl rühren, sodass ein grober Teig entsteht.

4. Den Teig in die Papierbackförmchen füllen. Im vorgeheizten Ofen 15 Minuten backen, bis er aufgegangen ist und auf Fingerdruck elastisch nachgibt. Die Muffins 2 Minuten in der Form abkühlen lassen, dann herausnehmen und auf einem Kuchengitter abkühlen lassen.

5. Die Zartbitterschokolade in eine hitzebeständige Schüssel geben und auf ein siedendes Wasserbad setzen, bis sie geschmolzen ist. Die Muffins mit der Schokolade beträufeln und warm oder kalt servieren.

3

4

5

TIPP

Muffins, die nicht gleich frisch gegessen werden, können Sie 2 Tage in einem luftdicht verschließbaren Behälter aufheben.

Schokoladen-Cupcakes mit flüssigem Kern

ERGIBT
8 Stück

ZUBEREITUNG
10 Minuten
plus Abkühlzeit

BACKZEIT
20 Minuten

Nährwerte pro Cupcake	167 kcal, 9 g Fett, davon 3 g gesättigt, 11 g Zucker, 0,3 g Salz

Cupcakes mit einem Kern aus geschmolzener Schokolade – wer könnte einem solch perfekten Leckerbissen widerstehen?

ZUTATEN

50 g Margarine
50 g Feinstzucker
1 großes Ei
80 g Mehl, gesiebt
¾ TL Backpulver
1 EL Kakaopulver, gesiebt
50 g Zartbitterschokolade
gesiebter Puderzucker, zum Bestäuben

1. Den Backofen auf 190 °C vorheizen. Acht Vertiefungen einer Muffinform mit Papierbackförmchen auslegen.

2. Margarine, Zucker, Ei, Mehl, Backpulver und Kakao in eine große Schüssel geben und mit einem elektrischen Handrührgerät zu einem glatten Teig verrühren.

3. Die Hälfte des Teiges in die Papierbackförmchen füllen. Mit einem Teelöffel in die Mitte von jeder Teigportion eine kleine Mulde drücken. Die Schokolade in acht Rechtecke brechen und ein Stück in jede Mulde legen. Dann den restlichen Teig daraufgeben.

4. Die Cupcakes im vorgeheizten Ofen 20 Minuten backen, bis der Teig aufgegangen und goldbraun ist. Noch 2 Minuten in der Form abkühlen lassen, dann herausnehmen. Mit Puderzucker bestäuben und warm servieren.

2

3

3

Riesenschokoladenplätzchen

ERGIBT
12 Stück

ZUBEREITUNG
10 Minuten
plus Abkühlzeit

BACKZEIT
15–20 Minuten

Nährwerte pro Plätzchen	266 kcal, 10 g Fett, davon 6 g gesättigt, 22 g Zucker, 0,5 g Salz

Es gibt so viele Anlässe, zu denen Sie selbst gemachte Kekse servieren können – mit diesem Rezept geht es kinderleicht.

ZUTATEN

120 g weiche Butter
125 g Feinstzucker
125 g Rohrzucker
2 große Eier, leicht verquirlt
5 Tropfen Vanillearoma
280 g Mehl
1 TL Backnatron
300 g Vollmilchschokolade, in Stücke gebrochen

1. Den Backofen auf 180 °C vorheizen. Zwei Backbleche mit Backpapier auslegen.

2. Butter und Zucker in eine große Schüssel geben und hell und cremig rühren. Eier und Vanillearoma hinzufügen und einrühren. Dann Mehl und Natron darübersieben und sorgfältig unterziehen. Zum Schluss die Schokoladenstücke einarbeiten.

3. Mit einem Löffel zwölf Teigportionen mit ausreichend Abstand auf die vorbereiteten Backbleche setzen.

4. Die Plätzchen im vorgeheizten Ofen 15–20 Minuten goldbraun backen. Noch 2 Minuten auf den Blechen abkühlen lassen, dann auf ein Kuchengitter geben und vollständig auskühlen lassen.

2

2

3

TIPP

Sie können die gebackenen Plätzchen in einem luftdicht verschließbaren Behälter mindestens 1 Woche lang aufheben.

Weinbrand-Waffelröllchen

ERGIBT
20 Stück

ZUBEREITUNG
15 Minuten

BACKZEIT
30–35 Minuten

Nährwerte pro Röllchen	110 kcal, 8 g Fett, davon 5 g gesättigt, 6 g Zucker, Spuren von Salz

Mit Schlagsahne gefüllt, ist dieses Gebäck eine köstliche Nascherei zum Tee.

ZUTATEN

80 g Butter
80 g Feinstzucker
3 EL heller Zuckerrübensirup
80 g Mehl
1 TL gemahlener Ingwer
1 EL Weinbrand
fein abgeriebene Schale von ½ Zitrone

Füllung

150 g Schlagsahne
1 EL Weinbrand (nach Belieben)
1 EL Puderzucker

1. Den Backofen auf 160 °C vorheizen. Drei Backbleche mit Backpapier auslegen.

2. Butter, Zucker und Sirup in einen Topf geben und unter gelegentlichem Umrühren langsam erwärmen. Wenn die Masse glatt ist, den Topf vom Herd nehmen und etwas abkühlen lassen.

3. Das Mehl in den Topf sieben, den Ingwer dazugeben und die Masse glatt rühren. Dann Weinbrand und Zitronenschale einarbeiten. Mit einem Löffel 20 Teigportionen mit ausreichend Abstand auf die vorbereiteten Backbleche setzen.

4. Das erste Backblech in den vorgeheizten Ofen schieben und die Waffeln 10–12 Minuten backen, bis sie goldbraun sind. Aus dem Ofen nehmen, 30 Sekunden abkühlen lassen, dann die Waffeln mit einem Palettenmesser hochnehmen und rasch um den Stiel eines Holzkochlöffels wickeln. Ist der Teig bereits zu fest, für weitere 30 Sekunden in den Ofen schieben.

5. Sobald die Waffelröllchen fest sind, vom Löffelstiel nehmen und auf einem Kuchengitter auskühlen lassen. Mit dem Teig auf den anderen Blechen ebenso verfahren.

6. Für die Füllung Schlagsahne mit, falls verwendet, Weinbrand und Puderzucker steif schlagen. Bis zur weiteren Verwendung in den Kühlschrank stellen.

7. Kurz vor dem Servieren die Sahnemischung in einen Spritzbeutel mit Tülle füllen und von beiden Enden her in die Röllchen spritzen.

4

5

6

Register